高等教育政策与管理研究丛书

主编：陈学飞　副主编：李春萍

初　编
第 **4** 册

我国高等教育管理中的
中央与地方关系研究

张超 著

花木兰文化出版社

国家图书馆出版品预行编目资料

我国高等教育管理中的中央与地方关系研究／张超 著 -- 初版
-- 新北市：花木兰文化出版社，2016〔民105〕
目 6+188 面；19×26 公分
（高等教育政策与管理研究丛书 初编 第4册）
ISBN 978-986-404-705-5（精装）
1. 高等教育 2. 教育行政
526.08   105012935

ISBN-978-986-404-705-5

9 789864 047055

高等教育政策与管理研究丛书
初编 第四册

ISBN：978-986-404-705-5

我国高等教育管理中的中央与地方关系研究

作　　者 张超
主　　编 陈学飞
副 主 编 李春萍
总 编 辑 杜洁祥
副总编辑 杨嘉乐
编　　辑 许郁翎、王筑　美术编辑 陈逸婷
出　　版 花木兰文化出版社
社　　长 高小娟
联络地址 台湾235 新北市中和区中安街七二号十三楼
　　　　　电话：02-2923-1455 ／传真：02-2923-1452
网　　址 http://www.huamulan.tw 信箱 hml810518@gmail.com
印　　刷 普罗文化出版广告事业
初　　版 2016年9月
全书字数 151710字
定　　价 初编5册（精装）台币 9,000 元　　　　　版权所有 请勿翻印

我国高等教育管理中的
中央与地方关系研究

张超 著

作者简介

张超，湖南师范大学教育学学士，厦门大学教育学硕士，北京师范大学教育学博士。海南省教育厅工作，历任高等教育处主任科员、副处长、处长职务，现任国际合作与交流处处长。发表高等教育方面研究论文 10 余篇。

提　　要

高等教育管理中的中央与地方关系是任何一个大国在发展高等教育过程中不容回避的现实问题。理顺中央与地方关系是上世纪八十年代中期以来我国高等教育管理体制改革的重要目标。针对长期存在的中央高度集权的高等教育管理体制的弊端，我国从上世纪八十年代中期起开始实行以强化省级政府统筹管理职能为目标的高等教育管理体制改革，到上个世纪末，改革取得了重要进展。本世纪初，"中央与省级政府两级管理，以省管为主"的高等教育管理新体制（以下简称"新高等教育管理体制"）基本建立。经过十余年的发展，新体制运行情况怎样？还存在一些什么突出问题？如何构建更加合理的中央与地方高等教育管理关系？对这些问题从理论上作出回答，成为本研究的一个主要动因。

本研究从历史、现实、比较的角度，综合运用文献法、问卷调查等研究方法，对上述问题进行了较为系统、深入的研究。研究从省级政府的视角着眼，以中央与地方高等教育管理权限的合理划分为切入点，采取由远及近、由内到外的研究思路。本研究的创新主要集中在以下几方面：一是研究视角新。从省级政府的视角研究我国中央与省两级高等教育管理体制运行情况是一个新的尝试。笔者长期在省级教育行政部门从事高等教育管理工作，对我国两级高等教育管理体制运行情况有切身体会，具有一些角色优势，能发人所未发；二是研究课题新。对高等教育管理中的中央与地方关系的研究较为少见，尤其是作为博士学位论文尚未发现；三是在研究结论上提出了一些新的见解。通过纵、横研究，作者在形成合理的中央与地方关系方面得出了几点基本结论：（一）讨论中央与地方关系要以形成正确的政府与高校关系为前提。必须在充分下放高校办学自主权的基础上，理顺中央与省级政府的关系；（二）理顺中央与省级政府关系要以明晰各自职能为前提，只有解决中央与省级政府在高等教育管理上的"职责同构"问题，才能形成权责明晰的管理关系；（三）强化省级政府统筹职能，还须妥善处理好省级政府各部门之间的关系，同时要加强省级政府自身能力的建设。这些观点契合了《国家中长期教育改革和发展规划纲要（2010-2020 年）》的要求和近年我国行政管理体制改革精神，具有一定前瞻性和创新性。

序　言

　　这是一套比较特殊的丛书，主要选择在高等教育领域年轻作者的著作。这不仅是因为青年是我们的未来，也是因为未来的大师可能会从他们之中生成。丛书的主题所以确定为高等教育政策与管理，是因为政策与管理对高等教育的正向或负向发展具有重要、甚至是决定性的意义。公共政策是执政党、政府系统有目的的产出，是对教育领域社会价值的权威性分配。中国不仅是高等教育大国，更是独特的教育政策大国和强国，执政党和政府年复一年，持续不断的以条列、规章、通知、意见、讲话、决议等等形式来规范高等院校的行为。高等教育管理很大程度上则是政治系统产出政策的执行。包括宏观的管理系统，如党的教育工作委员会及各级政府的教育行政部门；微观管理系统，如高等学校内部的各党政管理机构及其作为。

　　这些政策和管理行为，不仅影响到公众对高等教育的权利和选择，影响到教师、学生的表现和前途，以及学科、学校的发展变化，从长远来看，还关乎国家和民族的兴盛或衰败。

　　尽管高等教育政策和管理现象自从有了大学即已产生，但将其作为对象的学术研究却到 19 世纪和 20 世纪中叶才在美国率先出现。中国的现代大学产生于 19 世纪后半叶，但对高等教育政策和管理的研究迟至 20 世纪 80 年代才发端。虽然近些年学术研究已有不少进展，但研究队伍还狭小分散，应然性研究、解释性研究较多，真实的高等教育政策和管理状况的研究偏少，理论也大多搬用国外的著述。恰如美国学者柯伯斯在回顾美国教育政策研究的状况时所言："问题是与政策相关的基础研究太少。最为主要的是对教育政策进行更多的基础研究……如果不深化我们对政策过程的认识，提高和改进教育效果是无捷径可走的。仅仅对政策过程的认识程度不深这一弱点，就使我们远远缺乏那种可以对新政策一些变化做出英明预见的能力，缺乏那种自信地对某个建议付诸实施将会有何种成果做出预料的能力，缺乏对政策过程进行及时调整修正的能力"。（斯图亚特.S.纳格尔.政策研究百科全书，北京：科学技术文献出版社，1990:458）这里所言的基础研究，主要是指对于高等教育政策和管理实然状态的研究，探究其发生、发展、变化的过程、结果、原因、机理等等。

编辑本丛书的一个期望就是，凡是入选的著作，都能够在探索高等教育政策和管理的事实真相方面有新的发现，在探究方法方面较为严格规范，在理论分析和建构方面在前人的基础上有所创新。尽管这些著作大都聚焦于政策和管理过程中的某个问题，研究的结果可能只具有"局部"的、"片面"的深刻性，但只要方向正确，持续努力，总可以"积跬步以至千里,积小流以成江海"，逐步建构、丰富本领域的科学理论，为认识、理解、改善政策和管理过程提供有价值的视角和工具，成为相关领域学者、政策制定者、教育管理人员的良师和益友。

主编 陈学飞

目

次

图表索引

1 导 论

1.1 研究的缘起

中央与地方关系是我国高等教育管理中不容回避的问题。理顺中央与地方关系是我国上世纪八十年代中期以来高等教育管理体制改革的重要目标。随着上世纪八十年代初我国经济体制改革的逐步推进，高等教育管理体制的弊端日益显现。为调动各地举办高等教育的积极性，1985 年颁布的《中共中央关于教育体制改革的决定》（以下简称《决定》）明确规定，高等教育实行中央、省（省治区、直辖市）、中心城市三级办学的体制，由此拉开了以下放高等教育管理权为目标的宏观管理体制改革的序幕。1986 年国务院根据《决定》精神，出台了《高等教育管理职责暂行规定》，对国家教委、国务院有关部门、省级人民政府各自的高等教育管理职责做了规定，扩大了省级人民政府对辖区内高等学校的管理职责。

进入上个世纪九十年代，为适应我国建立社会主义市场经济体制和发展区域经济的需要，高等教育管理体制改革变得更为迫切。1993 年中共中央、国务院共同颁布的《中国教育改革和发展纲要》提出，"在中央与地方的关系上，进一步确立中央与省（自治区、直辖市）分级管理、分级负责的教育管理体制。中央要进一步简政放权，扩大省（自治区、直辖市）的教育决策权和包括对中央部门所属学校的统筹权。"此后，在全国范围内开展了以"共

建、调整、合作、合并"为内容的影响深远的高等教育管理体制改革。"到
2000年，全国31个省（自治区、直辖市）、60多个国务院部门单位参与改革，
涉及高校900余所；已有556所高校合并、调整为232所，净减324所；共
有509所高校进行了管理体制的调整（普通高校296所），其中中央部门所属
高校转由地方管理或以地方管理为主的有360所（其中普通高校205所）"[1]。
至此，基本构建起了"中央和省级政府两级管理、分工负责，在国家宏观政
策指导下，以省级政府统筹为主的条块有机结合的新体制"（以下简称"新
高等教育管理体制"）。

新体制至今已运行多年。实际运行情况怎样？省级政府统筹决策权是否
得到很好地落实？如落实不够好，背后还存哪些突出问题？深层原因是什
么？如何进一步完善？这些问题从目前的研究来看，还未得到深入、系统地
解答。对这些问题进行深入系统的研究，不仅是推动我国高等教育管理体制
改革实践、丰富高等教育管理理论的迫切需要，也是促进我国行政管理体制
改革、理顺中央与地方政府关系的内在要求。本研究试图在这些方面作出努
力和探索。

1.2 研究切入点和研究范围

1.2.1 研究切入点

本研究站在省级政府的立场，以中央与地方在高等教育管理上的权限划
分、职能调整为切入点，探讨目前高等教育管理中的中央与地方关系中存在
的问题，分析面临的主要障碍；并从理顺中央与省级政府关系入手，探究完
善"两级管理、以省管为主"高等教育管理协调机制的路径和对策。

1.2.2 研究范围

本研究围绕我国高等教育管理体制中"中央与地方的关系"这一主线，
从历史和比较的角度对上世纪九十年代以来我国"两级管理、以省管为主"
高等教育管理体制改革的背景、主要内容及存在的突出问题进行梳理分析，
并在此基础上提出解决问题的思路和对策。研究侧重于中央与地方关系的探
讨，同时亦涉及到政府与高校、省级政府与其它方面的关系。

1　高等教育管理新体制基本形成[N].光明日报，2000-11-7 日.

1.3 概念界定

1.3.1 高等教育管理体制

高等教育管理体制是指体系化的高等教育管理组织制度，主要包括高等教育管理组织机构的设置，隶属关系和权限划分。[2]它要解决和确定的是哪些机构作为管理主体管理国家的高等教育，管理职能、管理的方式以及不同管理机构间的关系。[3]涉及政府与学校、中央与地方、国家教育主管部门与其他业务部门之间的关系。它是国家管理高等教育事业的根本制度，是高等教育体制的重要组成部分，是带有根本性和全局性的组织管理制度。

1.3.2 两级管理

两级管理是指中央与地方（省、直辖市、自治区）政府两个高等教育管理主体对高等教育的管理。其中，"中央"包括国家教育主管部门与国务院其他涉及高等教育管理的职能部门，"地方"主要是指省级教育主管部门及省级政府其它与高等教育管理相关的部门。

1.3.3 中央与地方关系

中央与地方关系是国家结构中的最基本关系之一。它作为一种国家结构的设置，植根于一个国家的社会体制之中，尤其是一国的政治体制、经济体制状况直接决定了中央与地方关系的形态特征。中央与地方关系是一国政治体制和经济体制的结合部。它随着政治经济的发展变化而发展变化[4]。高等教育管理中的中央与地方关系是一国政治经济生活中的中央与地方的关系的具体反映，主要探讨中央与地方政府在高等教育管理中责权的划分及双方互动的方式和工作运行机制。

---

2 薛天祥主编.高等教育管理学[M].桂林：广西师范大学出版社，2001.345

3 季明明主编,中国高等教育改革与发展[M].北京：高等教育出版社，1994.52

4 颜廷锐等编著.中国行政体制改革问题报告：问题、现状、挑战、对策[M].北京：中国发展出版社，2004.246.

1.4 分析框架

完善"两级管理、以省管为主"高等教育管理体制，理顺中央与地方在高等教育管理中的关系，不单是高等教育管理权力在中央与地方政府之间的划分和收放问题，也就是说不单是中央与地方的关系问题。它还涉及政府与高校的关系、政府与第三部门组织之间的关系。因此，首先要明确政府的管理边界，即哪些事政府该管，哪些事政府不该管。亦即要从理顺政府与高校关系入手，明确政府职能，落实高校办学自主权。其次，政府对高校的管理不能单凭行政手段的管理，还要调动社会参与高等教育管理的积极性，发挥社会中介机构及专家组织的力量。在此基础上，考虑中央与地方高等教育管理权力的划分，进一步明确中央与地方政府各自的管理权责。因此，本研究提出如下框架作为论文分析的基础（见图 1）：在明确高校办学自主权和发挥社会中介组织作用的基础上，中央政府与地方政府根据合理分工，各自履行自己的管理职能。中央政府主要是通过立法、拨款、规划、信息服务、政策指导、督导评估等方式对全国高等教育进行宏观管理和调控，同时管理少量在全国起示范作用的和行业特色突出、地方不便管理的高校；地方政府则通过规划、拨款、质量监控、信息服务等方式，对辖区内高等教育进行统筹管理，并与中央政府一道对辖区内部属高校进行共建共管。就具体职能分工来说，中央政府更多侧重于高等教育发展战略规划及高等教育标准的制订、以财政转移支付为手段的全国高等教育的协调发展和对贫困生的资助，高等教育的国际认证和合作；省级政府主要负责区域高等教育发展规划及对国家高等教育标准的执行和高等教育质量监控工作，为区域内高等教育健康协调发展提供经费、政策等方面的支持。转变职能是中央与省级政府履行好职责的前提。要防止中央政府权力简单地向地方下放，必须赋予高校充分办学自主权，将对高校的行政干预减少至最低限度。中央与省级政府高等教育管理权力的划分应由国务院或全国人大来进行，并通过法律加以规定，以增强对双方的约束力。

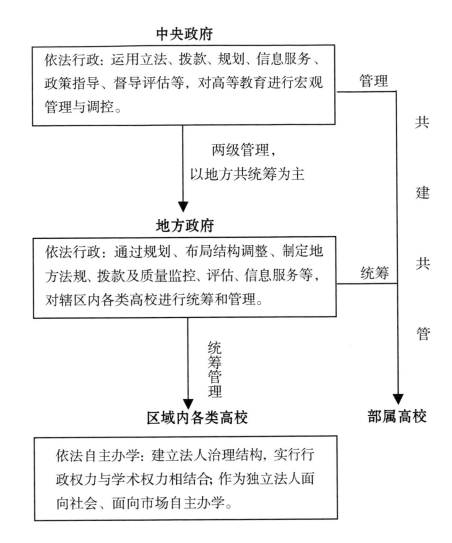

图 1：中央、地方政府与高校关系分析框架图

1.5 文献综述

1.5.1 文献基本情况

对高等教育管理中的中央与地方关系的研究，肇始于上世纪 90 年代初。1993 年 2 月，中共中央、国务院颁布了《中国教育改革和发展纲要》，对高等教育管理体制改革提出了"在中央与地方的关系上，进一步确立中央与省（自治区、直辖市）分级管理、分级负责的教育管理体制。中央直接管理一部分

关系国家经济、社会发展全局并在高等教育中起示范作用的骨干学校和少数行业性强、需中央统筹管理的学校。在中央大政方针和宏观规划指导下，管理地方高校的责任和权力下放给省（自治区、直辖市）。中央要进一步简政放权，扩大省（自治区、直辖市）的教育决策权和包括对中央部门所属学校的统筹权。"[5]自此，以构建"中央与省级政府两级管理、以省级政府统筹管理为主的体制"为目标的高等教育管理体制改革正式启动，新的体制改革涉及中央与地方关系的重塑，相关研究也开始引起一些高等教育实际工作者和理论研究者的重视。据检索，涉及高等教育管理中中央和地方关系的研究成果已比较丰富。总体上看，研究高等教育管理体制的成果最多，但直接研究中央和地方关系的成果相对较少。已有研究成果检索情况如表1所示。

表1："中国知网"相关文献检索记录数（截止2011年1月25日）

数据库名称	检索主题	记录数（条）
中国学术期刊网络出版总库	高等教育管理体制	1160
	高等教育管理体制+中央与地方	24
	高等教育管理体制+两级管理	16
中国博士学位论文全文数据库（2000年至2011年）	高等教育宏观管理体制改革	33
	高等教育管理体制改革	97
	高等教育管理体制改革+中央与地方	9
	高等教育管理体制改革+两级管理	9
中国重要报纸全文数据库（2000.1.1-2011.1.25）	高等教育管理体制改革	23
	高等教育宏观管理体制	5

1.5.2 代表性观点

对现有的相关研究进行分析后发现，已有研究主要集中于以下几个方面：

1、对高等教育管理中的中央与地方关系调整背景的分析

对上世纪九十年代初开始的"两级管理、以省管为主"高等教育管理体制改革，一些论者分析了其调整的背景。较有代表的是，葛锁网从社会主义市场经

5　康宁.中国经济转型中高等教育资源配置的制度创新[J].北京：教育科学出版社，2005，379.

济体制的确立对高等教育的影响、区域经济发展对高等教育地方化的要求、部属高校为地方服务等方面，阐述了加强省级政府高等教育统筹权的现实背景[6]；程祥国等人从调动地方发展高等教育积极性、深化高等教育管理体制改革、优化高等教育结构和促进高等教育多样化、地方化等方面，论述了扩大省级政府高等教育管理权限的必要性[7]；曹淑江则从我国逐渐放弃重工业优先发展战略、政府体制改革带来的信息问题和管理成本问题、经济发展水平的提高和财政分权化改革、招生人数的增加和高等教育规模的扩大等方面，揭示了我国高等教育体制分权化改革的动力[8]。徐光寿则从社会主义市场经济体制的建立、"科教兴国"战略的实施、国务院机构改革、《高等教育法》的颁布等方面，分析了新时期高等教育管理体制改革的时代背景。[9]

2、对加强省级政府决策、统筹权内涵及具体内容的探讨

葛锁网对扩大省级政府对高等教育决策权、统筹权的内涵进行了分析，认为扩大省级政府对高等教育的决策权、统筹权就是要中央部委下放自己所属高校的管理权力，同时，加强省级政府对区域内的高校的决策权，让省级政府通过健全立法、提供经费、组织评估、开展信息服务，加上必要的行政手段，对全省高等教育进行整体规划，对招生规模进行宏观调控，对各大类专业的设置进行整体设计，同时建立不同层次、不同类型高校的质量评估指标体系。葛锁网也还提出了扩大省级政府决策、统筹权的七方面具体内容，即高校布局调整及专科院校的设置审批权；地方高校招生计划的制订权；本、专科的专业设置审批权；学士学位、硕士点、博士导师的审批；一定的教育立法权；对部委属高校教育质量的检查、督导和评估权；部委属高校面向当地培养的专科生的招生数量、专业核定权[10]。陈彬等人认为，"省级政府对高等教育的统筹，其基本含义应该是对本辖区的高等教育事业的改革与发展、结构

---

6 葛锁网.改革高等教育管理体制，加强省级政府的决策权、统筹权[J].江苏高教，1993（5）.

7 程祥国，黄长才.论扩大省级政府高等教育管理权限的几个问题[J].南昌大学学报（人社版），2001（4）.

8 曹淑江.高等教育体制分权化改革的理论分析[J].浙江社会科学，2006，（1）.

9 徐光寿.论新时期高等教育管理体制改革的时代背景[J].高校教育管理，2009，（3），2.

10 葛锁网.改革高等教育管理体制，加强省级政府的决策权、统筹权[J].江苏高教，1993，（5）.

与规模、速度与效益、教育教学与科学研究及社会服务、政策法规与管理规划等高等教育发展的重大问题进行通盘筹划、综合考虑，以力求建立一个与地区经济及社会发展相适应的区域高等教育体系"[11]，并强调应加强省政府八个方面的高等教育统筹权，即高教立法权、规划计划权、资源配置权、法（律）（行）政督导权、综合协调权、机构处置权、业务指导权和国际合作权。程祥国等人对省级政府高等教育管理权限也做了界定，认为省级政府应拥有八方面管理权限，即贯彻执行、指导检查国家的方针政策、法律法规，制定地方性高等教育政策；根据当地经济、科技和社会发展的需要，制定地方高等教育发展规划和年度招生计划，调整高等教育的结构和布局；根据地方的实际，并依照国家的高校设置标准，设置、撤销和合并地方办的高等学校；确定地方高校的拨款办法和统筹教育资源的分配；确定高考科目、试题和录取标准；审批高等院校的学杂费收费标准；统筹高校师资队伍建设；对本区中央部门所属高校和中心城市办高校进行协调和统筹的权限等[12]。张耀荣[13]、胡炳仙[14]、宣勇[15]等也对省级政府的高等教育管理职能进行了相应的阐述。

3、对我国建立高等教育管理中的和谐的中央与地方关系的途径的探讨

葛锁网[16]、翁庆余[17]分别从扩大省级政府对高等教育统筹决策权要处理好的几个关系及推进我国高等教育"分级管理"的措施的角度，提出了各自的应对策略。陈彬对"两级管理、以省管为主"体制的实质、前提、关键和策略等问题进行了深入分析，认为合作领导是"两级管理、以省管为主"体制

---

11 陈彬，袁祖望.试论"加强省政府高等教育统筹权"的基本内涵[J].高教探索，2000，（3）.

12 程祥国、黄长才.论扩大省级政府高等教育管理权限的几个问题[J].南昌大学学报（人社版），2001，32（4）

13 张耀荣.略论省级高教行政管理的职能[J].韶关大学学报（社会科学版·高等教育研究专辑），1993，14.

14 胡炳仙.试论我国地方政府的高等教育管理权限——一种基于有限政府论的视角[J].山西财经大学学报（高等教育版），2005，8（3）

15 宣勇，郭石明，王兴杰，张林.论地方政府对高等教育管理职能的转变[J].浙江社会科学，2002，5.

16 葛锁网.改革高等教育管理体制，加强省级政府的决策权、统筹权[J].江苏高教，1993，5.

17 翁庆余.论我国高等教育的分级管理[J].江苏高教，1993，5.

的实质；明确职责权益是实施"两级管理、以省管为主"体制的前提；确保高校办学自主权是实施"两级管理、以省管为主"体制的关键；分类推进是实施"两级管理、以省管为主"体制的策略[18]。程祥国等人从全面落实高等教育法律法规、转变省级政府管理职能、健全省级高等教育管理决策系统等方面，阐述了扩大省级政府高等教育管理权限的途径[19]。黄亲国则进一步认为，高等教育地方统筹的关键是理顺政府、社会与高校的关系，必须走制度创新之路，即须进行管理理念的创新、组织形式的创新、调控手段的创新、运行机制的创新等[20]。

4、对当前高等教育管理中的中央与地方关系存在问题的研究

曹淑江指出了分权化改革中存在的四方面问题，即政府管理高等教育的权力和办学责任不对称、各地之间高等教育资源分布不平衡、中央政府职能转变、国家高等教育发展战略和分权化改革矛盾等[21]。宣勇等揭示了地方政府职能转变中存在的三方面突出问题，即地方政府高等教育行政管理权限没有到位，地方政府对高等教育管理的内容和手段有待研究和加强，地方高等教育行政管理职能亟待转变[22]。陈彬则着重分析了"两级管理、以省管为主"管理体制中存在的权责分离现象，主要是政府高等教育主管部门与政府其它职能部门在发展和管理高等教育上的权责分离，突出表现在财权、规划权与事权相分离，中央与地方尤其是与省以下中心城市在高等教育管理上的权责分离，高等教育主管部门与高等学校在管理高等教育上的权责分离[23]。胡炳仙也指出了我国地方政府高教管理权限结构存在的五个弊端，即权力集中、职能无限、机构同质、效率低下、手段陈旧等[24]。

---

18 陈彬.我国高等教育实施"两级管理、以省为主"体制初探[J].高教探索，1997，1.

19 程祥国，黄长才.论扩大省级政府高等教育管理权限的几个问题[J].南昌大学学报（人社版），2001，4.

20 黄亲国.高等教育地方政府统筹要走制度创新之路[J].国家教育行政学院学报，2004，2.

21 曹淑江.高等教育体制分权化改革的理论分析[J].浙江社会科学，2006，1.

22 宣勇，郭石明，王兴杰，张林.论地方政府对高等教育管理职能的转变[J].浙江社会科学，2002，5.

23 陈彬.高等教育管理中"权责分离"现象探析[J].高等教育研究，1996，1.

24 胡炳仙.试论我国地方政府高教管理权限改革[J].西安欧亚学院学报，2006，4（2）

5、高等教育管理集权与分权研究

"高等教育管理中的集权与分权问题的实质，在于运用何种模式实行对高等教育的管理"[25]。国际上通常将高等教育管理模式分为中央集权与地方分权两种模式，法国是中央集权型模式的典型代表，美国则是地方分权型管理模式的代表。两种管理模式各有利弊，前者有利于实现国家战略发展目标，有利于国家教育标准的统一，有利于保证必要的教育质量，有利于实现教育均衡发展；后者有利于实现高等教育的多样化和个性化发展，有利于调动地方办学积极性，有利于高等教育与当地经济社会发展更加紧密的结合。[26]。选择何种管理模式，与一个国家的政治、经济体制和文化教育传统等多方面有着密切的联系。不同国家的国情，决定了一个国家采用集权制还是采取分权制，或者既有集权又有分权的混合型体制[27]。已有研究表明，集权制与分权制都是相对的。当前西方发达国家的高等教育管理体制，实行中央集权制的国家向地方下放权力，扩大地方管理权限及高校的自主权，而实行分权制的国家则是逐步加强中央政府的领导权，扩大中央政府在高等教育管理中的影响力，两者都趋向于相互融合。我国具有长期中央集权的传统，地方一直处于服从、被动的状态，"当务之急就是进一步下放高教管理方面的权力，直到高等教育最大程度地促进地方经济发展为止"[28]。因为，随着我国高等教育的规模越来越大，对象日益多样，培养目标日趋多元，体制和结构日趋复杂，高等教育系统内、外部环境发生了急剧变化，高等教育要更好地适应区域社会经济发展，必须改革传统高度集中的管理体制，对高等教育实行分权管理[29]。

根据世界银行的观点，教育分权主要包括三种形式[30]：一是权力的分散（deconcentration），这是分权中最弱的一种方式，它是指上级部门把执行权而

25 方茜，钱澄.试论高等教育管理中的集权与分权[J].扬州职业大学学报，2003，7（3）

26 刘大波，方展画.21 世纪中国高教行政管理中集权和分权关系研究[J].现代教育科学，2003，1.

27 刘大波，方展画.21 世纪中国高教行政管理中集权和分权关系研究[J].现代教育科学，2003，1.

28 刘大波，方展画.21 世纪中国高教行政管理中集权和分权关系研究[J].现代教育科学，2003，1

29 卢勃.试论高等教育的分权管理问题[J].高教探索，2006，1.

30 许杰.教育分权与大学自主[J].高等教育研究，2004，7.

不是决策权交给下级部门，它最多只是管理责任从中央到地方或其他较低层级部门的一定转移，但中央部门保留严格的控制权。二是权力的委托（delegation），这是一种较大程度的授权，中央当权者把职权"借贷"给较低层级的政府或自主组织，但这些委托出去的职权是随时可以收回的。三是权力下放（devolution），这是分权中最彻底的一种方式，包含了若干种不同的程序，如下放管理权，把国家的职权从上级政府转移到下级政府，但中央政府同时保留对预算和决策的控制；下放财政权，就是将预算和金融决策权从上级下放到下级；权力移交，就是将资源和政治权力移交给具有很大独立性的下级政府。

孟翔君认为，我国应结合实际，区别不同情况灵活采用上述分权方式。具体就中央与地方政府来说，如何分权，取决于三个方面：第一，要更加规范中央与地方政府的分权，使地方政府拥有更多、更实在、更规范的高等教育管理权力，减少通过'变通'、实行'土政策'等形式获取的不规范的'灰色'权力。第二，区域高等教育发展规划、政策的制定，要充分考虑各地高等教育资源禀赋、要素流动等区域市场机制的内在要求，使地方能自行确定本区域高等教育发展与改革的规划和政策，真正成为高等教育管理的主体。而不是中央"全国一盘棋"、"一刀切"式的放权。第三，中央对地方政府制定的各项限制性规定、评价办法要科学、合理，切实可行。"只有如此，地方政府才能获得高等教育体制创新的权力和动力，地方高等教育体制创新才成为可能。同时，全国高等教育才能活力洋溢，持续健康发展"[31]。

6、政府与高校关系的研究

主要着眼于市场经济条件下及公共治理理论背景下政府职能的转变。在计划经济时代，我国实行高度集中的管理体制，高校处于强制服从地位。政府集高校举办权、管理权、办学权于一身，高校则处于被管理、被控制的地位，近乎于政府的附属机构[32]。随着我国市场经济体制的逐步建立，传统的高等教育管理体制受到冲击。因为，在社会主义市场经济条件下，高校需要成为高等教育活动的主体，应具有充分的办学自主权。为此要求政府对高校实行"简政放权"，改革政府与高校的传统行政隶属关系。政府要由对学校的

---

31 孟翔君.从"寻利"到"分权"：我国高等教育管理体制变迁的轨迹与趋向[J].青岛化工学报学报（社会科学版），2001，（3）：4.

32 许杰.论政府对大学进行宏观调控的新向度[J].清华大学教育研究，2003，24（6）.

直接行政管理转变为以宏观管理为主、辅以必要的行政管理，或者实现从"政府控制模式"到"政府监督模式"的转变[33]。这也是欧美高等教育领域目前正在发生的一场管理革命。这种转变具有以下三个基本趋势。首先，政府减少对高等学校的直接控制，实施宏观管理，即将办学权交给各高校。其次，政府对高等教育管理趋向解除控制（deregulation），即在高等教育的若干领域引入市场竞争，大力发展民办高等教育。再次，政府鼓励高校实行自我约束、自我发展，以激发整个高等教育系统的创新性[34]。

该理论尽管是在对发达国家高等教育的经验分析的基础上所作的理论概括，但此理论对正在实现社会转型与体制转变的我国高等教育体制改革具有十分重要的借鉴意义。据此，有学者认为，政府在高等教育市场化中的职能定位应是：第一，负责培育高等教育市场和信息的提供，具体来说就是，政府要建立合理的竞争机制，培育竞争型的高等教育市场；提供信息服务，克服高等教育市场"信息不对称"；建立完善助学贷款市场等。第二，政府要对高等教育市场进行有效的规制。具体来说就是，政府要运用立法、行政手段规范高等教育市场行为，克服市场机制的固有缺陷；完善相关管理制度和检查评估措施[35]。

另外，自 20 世纪 70 年代以来，世界各国的政府陆续开始了治理变革的进程。所谓治理变革，指的是"政府如何适应市场经济有效运行的需要来界定自己的角色，进行市场化改革，并把市场制度的基本观念引进公共领域，建立开放而有效的公共领域。"[36]变革的目的是为了应对来自各方面的严峻挑战，提高政府能力和国家竞争力。寻求更好的治理是西方国家"政府再造"的核心，"治理"已成为西方政府改革的主要话语[37]。根据该理论，第一，政

---

33 高等教育政府控制模式与政府监督模式理论由法国巴黎国际大学联合会研究主任尼夫与荷兰特文特大学高等教育政策研究中心主任范富格特提出。政府控制模式具有以下四个基本特征。自上而下；同质化；全方位控制；直接干预。政府监督模式具有以下四个特征：自下而上；异质性；微弱的有限度的控制；间接调节。

34 杨明.从政府控制模式到政府监督模式——中国高等教育政府管理模式的现代性转换[J].教育科学，2003，19（5）.

35 张伟，任建明.我国高等教育体制改革方向与政府角色定位问题研究.清华大学教育研究，2006，（3）.

36 毛寿龙，李梅.有限政府的经济分析[M].上海：上海三联书店，2000.1.

37 许杰.论政府对大学进行宏观调控的新向度——以治理理论为视角.清华大学教育研究，2003 年，24（6）.47-54

府要向社会和学校放权，实现权力的多中心化及权力在不同主体间的转移。即向社会放权，提倡社会参与；向市场放权，主张市场介入；向大学放权，激励大学自主。这也是当代发达国家高等教育改革的趋势，"无论如何，由于市场经济下大学是一个独立的法人组织，国家政府往往只起指导、监督、咨询的作用。市场是大学活动的最基本调节力量。市场经济国家高等教育一般运行机制，就是在大学自治基础上，以市场供求为主的、辅以国家干预的运行机制"[38]。第二，管理方式的改变。政府应承担"掌舵"而不是"划桨"的角色。政府应从以行政干预为主的直接管理转向以宏观调控为主的宏观管理，减少对高校内部事务的管理，使大学具有更大的创新空间。政府对大学的宏观调控应以以下方式为主：法律调控、经济调控、计划调控、行政调控和监督调控[39]。

1.5.3 问题与不足

1、与本课题直接相关的研究较少。

对高等教育管理中的中央与地方关系的研究是一个较新的领域。总的来看，这方面的研究尚未引起人们的足够重视，发表的成果不是很多。与本课题直接相关的研究可谓少之又少。无论是从研究成果数量，还是从研究的广度和深度来看都显得很不够，与当前"两级"高等教育管理体制改革实践对理论指导的呼唤显得极不相称。

2、现有研究零星分散，缺乏从历史、比较的角度对高等教育管理中的中央与地方关系进行系统、全面、深入的研究。

对政府教育管理职能及政府与高校的关系研究较多，对如何构建合理的中央政府与省级政府高等教育管理关系的研究相对较少。

3、现有研究感性、思辨成份多，实证研究少，缺乏实际运作层面情况的支撑。

---

38 浙江大学高教所课题组.市场经济国家政府与大学关系的比较研究[J].河北师范大学学报（教育科学版），2000，（4）.

39 许杰.论政府对大学进行宏观调控的新向度——以治理理论为视角[J].清华大学教育研究，2003年，24（6）.47-54.

1.6 研究的创新点

1.6.1 选题比较新颖

"两级管理、以省管为主"高等教育管理体制改革的提出及实行，尽管已有近二十年的时间，但对二者合理关系构建问题的研究尚未引起人们足够的注意。无论是理论研究者还是实际工作者，对这一问题的研究都不多见。因此，本书在一定程度上具有填补理论空白的意义，有独特的学术价值。

1.6.2 研究的视角新

本书从省级政府的视角看待我国上世纪九十年代以来高等教育管理体制改革的得与失，有一般理论研究者不具备的角色优势。能以亲身工作经历，感受我国高等教育管理新体制运行中存在的各种问题与不足，能言人所未言，发人所未发，体现出研究者的独到之处。

本书从历史考察、比较分析的角度，较为深入地研究了中外高等教育管理体制的变迁和各自的得失，并力图跳出教育看教育，运用经济学、行政管理学和公共管理等学科最新理论成果分析研究高等教育管理中的中央与地方关系的有关问题。

1.7 研究方法与思路

1.7.1 研究方法

"两级管理、以省管为主"高等教育管理体制改革是我国特定历史条件下的产物，是一个较为复杂的现实问题。对这一问题的研究需要采取历史和现实相结合、国内外比较相印证的方法。既要从历史上弄清我国高等教育集中管理、"条块分割"管理体制造成的弊端，又要对我国"两级管理、以省管为主"高等教育管理体制的现实情况进行认真分析，找出问题症结所在；此外，还要从国际比较的角度明了西方发达国家和部分发展中国家处理中央与地方管理高等教育的经验，以资借鉴。具体来说，本书采用以下几种研究方法：

1、文献分析法

文献分析法主要指搜集、鉴别、整理文献，并通过对文献的研究，形成对事实科学认识的方法。它是社会研究中普遍使用的一种方法。本研究建立在大量文献资料分析研究基础之上，主要通过"中国知网（http//www.cnki.net）"相关重要数据库，对上世纪九十年代以来发表的相关期刊（主要包括《高等教育研究》、《清华大学教育研究》、《中国高教研究》、《中国高等教育》、《教育发展研究》、《江苏高教》等核心期刊）文章进行检索阅读分析，同时参阅了同期出版的重要学术著作，对我国建国以来高等教育管理体制变迁的线索、特别是"两级管理、以省管为主"高等教育管理体制的成因、问题和对策进行了较深入研究。

2、比较研究法

比较方法是"通过对各种事物或现象的对比，发现其共同点或不同点并由此揭示其相互关系和相互区别的本质特征"。[40]正如阿尔蒙德指出："比较分析在形成科学理论的过程中具有举足轻重的意义，因为比较分析为任何一个单独领域的专家提供了他所生疏的背景情况和各种关系。……这样的分析，是防止我们对人类社会各种可能性视而不见所能获得的最佳办法"。[41]广义上讲，"比较分析"的术语可以指任何形式的比较研究。但一般这个术语被运用于研究两个或多个国家或体制下的某一方面经验的比较中，本文采用的就是国际比较这层意思。"比较研究不仅对于日益增强的高等教育国际交流和跨国界的合作至关重要，而且对于理解共同国际趋势影响下高等教育的现实和基于比较观察的高等教育改革，也是不可或缺的"。[42]本文在研究我国高等教育管理中的中央与地方关系应采取的路径时，以发达国家高等教育管理体制变动趋势为比较参照系。主要集中于高等教育发达国家中央、地方政府之间权责的划分及各自履行职能的方式和相互之间关系的比较分析。在国别的选择问题上，遵循三个基本原则：其一，高等教育中央与地方两级管理特征明显；其二，兼及中央集权制和联邦制国家；其三，在政治文化背景上，兼顾东西方两种文化体系。因此，重点选择了美国、德国、英国、法国、俄罗斯、日本、印度作为主要比较对象。当然，根据需要也会论及其它国家的经验，如巴西、韩国、新加坡等。

---

40 吴增基等.《现代社会调查方法》[M].上海人民出版社，1998，P258

41 （美）阿尔蒙德等.《比较政治学：体系、过程和政策》[M].曹沛霖等译，上海译文出版社.1987，P22.

42 （英）马尔科姆·泰特著.《高等教育研究进展与方法》[M].北京大学出版社.2007，P211，214

国别文献资料一方面来自上世纪九十年代以来国内期刊上（主要包括《比较教育研究》、《外国教育研究》、《国际高等教育研究》等期刊）发表的文章和出版的书籍；另一方面，通过 Springer 等外文期刊网，查阅同期国外高等教育期刊，如《HIGHER EDUCATION》、《REVIEW OF COMPARATIVE EDUCATION》等刊载的相关文章。了解一些发达国家和发展中国家处理高等教育管理中的中央与地方关系的经验，在存在问题原因分析及对策研究等有关章节撰写过程中，使用了相关国别比较成果，增强了观点的说服力。

3、问卷调查法

所谓调查研究，"……就是一种收集数据的方法，通过向所抽取的个体样本发放设计好的调查问卷，让被访者按照先后顺序回答预设的问题，收集的数据能够代表某一目标人群"。[43]调查也是社会科学和高等教育研究的主要方法。本研究主要对我国省（直辖市、自治区）级高等教育管理部门进行问卷调查，了解"两级管理、以省管为主"高等教育管理体制在各省市的落实情况及存在的突出问题，为研究获取一手资料，提高研究的科学性。

问卷通过电子邮件和函件方式发放全国 31 个省（直辖市、自治区）教育厅（或教委）高等教育主管部门（高教处、科技处和学位办），实际回收 26 份，其中高教处 14 份，高教处（学位办）3 份；科技处 1 份，科技处（学位办）4 份；学位办 4 份。

问卷调查结果在文章四、五、六章中对新体制存在的问题、原因分析及对策思路中都有体现。为相关论点提供了数据佐证，做到了用数据说话。

1.7.2 研究思路

本书的总体思路是：基于多学科的视角，总结梳理中国高等教育管理中中央和地方关系的历史与现状，对典型国家高等教育管理中的中央和地方关系进行比较研究，分析和诊断我国高等教育管理体制中中央和地方关系存在的问题，提出完善我国高等教育管理体制的政策建议。主要包括以下几个方面：

---

43 （英）马尔科姆·泰特著.《高等教育研究进展与方法》[M].北京大学出版社.2007，
   P214

1、中央与地方关系有关理论分析和阐述

对不同学科有关中央与地方关系理论进行介绍，为后续研究提供理论基础。

2、国内外高等教育管理中的中央与地方关系

从历史角度，对新中国成立以来直到上世纪八十年代初我国两级高等教育管理体制的变迁进行回顾，揭示我国传统高等教育管理体制的主要特征；从国际比较角度，对美国、德国、法国、俄罗斯、英国和印度等国家的高等教育管理体制变革情况进行考察，揭示国际高等教育宏观管理体制变动趋势。

3、新时期我国高等教育管理中的中央与地方关系

首先，对上世纪八十年代中期以来我国高等教育管理体制改革的背景进行分析；接着对上世纪九十年代初开始的"两级管理，以省为主"高等教育管理体制改革的内容进行介绍；最后，对世纪之交以来，我国"两级管理、以省管为主"高等教育管理新体制运行情况进行总结和批判。

4、当前存在的问题及原因分析

揭示"两级管理、以省管为主"高等教育管理新体制运行中存在的突出问题，并分析其产生的主要原因，明确问题症结所在。

5、改革中央与地方关系的对策建议

针对我国"两级管理、以省管为主"高等教育管理新体制存在的问题和产生的原因，提出解决问题的对策和思路。

6、十二五以来高等教育管理中的中央与地方关系调整趋势

对十二五以来我国"两级管理，以省管为主"高等教育管理体制调整情况进行了梳理分析。

1.8 全书框架

全书共分七章。第一章：导论。阐述研究的意义、创新点及研究方法和思路。第二章：理论基础。阐述不同学科关于中央与地方关系的观点。第三章：历史回顾和国际比较。对我国建国以来直到上世纪八十年代初我国中央与地方两级高等教育管理体制的变迁历史进行回顾，同时对美国、德国、法

国、俄罗斯、英国和印度等高等教育发达国家高等教育管理中的中央与地方关系变化趋势进行比较分析；第四章：新时期我国高等教育管理体制改革背景及改革内容分析：对上世纪八十年后期开始的高等教育管理体制改革的背景进行分析，并对改革的主要内容和运行情况进行介绍。第五章：现状分析。对"两级管理，以省管为主"高等教育管理体制目前运行中存在的突出问题进行提示，并分析其产生的深层原因。第六章：对策与思路。提出进一步完善我国"两级管理，以省管为主"高等教育管理体制的主要路径。第七章：尾声。对"十二五"以来我国"两级管理、以省管为主"高等教育管理体制发生的新变化进行了梳理分析。

2 中央与地方关系理论概述

中央与地方关系，是现代国家治理中共同面临的基本问题，因而受到不同学科的共同关注。对不同学科关于中央与地方关系的基本观点加以梳理，对于我国完善"两级"高等教育管理体制具有重要的理论指导意义。

2.1 政治学的观点

中央与地方关系首先是一个政治学范畴。政治学在探讨国家结构形式问题时，就会触及中央与地方的关系。例如，王惠岩教授认为："国家结构形式是指处理国家整体与局部之间、全国政府与地方政府之间的关系的基本模式，也就是一个国家和各个部分以什么形式和方式整合为国家的问题。"[1]王浦劬教授认为："国家结构形式是国家的中央权力机关和地方权力机关、整体与局部之间关系的构成方式，它是中央权力与地方权力关系在国家组织结构形式和原则上的体现。"[2]许崇德教授认为："国家结构形式指的是特定国家表现其国家的整体与局部之间相互关系所采取的外部总体形式。"[3]显然，国家的整体与部分的关系，中央和地方之间的权力配置等是国家结构形式的主要内容。

现代民族国家结构形式有两个基本类型，即单一制和联邦制。"单一制是指以按地域划分的行政区域或自治区域为组成单位的国家结构形式"[4]，代

1　王惠岩.《政治学原理》[M].北京：高等教育出版社，1999，119.

2　王浦劬主编.《政治学基础》[M].北京：北京大学出版社，1995，253.

3　许崇德主编.《中国宪法》[M].北京：中国人民大学出版社，1989，153.

4　张立荣.《中外行政制度比较》[M].商务印书馆，2002，243.

表是英国、法国和日本。"联邦制是指以享有相对主权的完整政治实体为组成单元的国家结构形式"[5]，代表是美国、德国、俄罗斯和印度。

联邦制国家和单一制国家中央与地方的权力划分是不一样的。联邦制国家是由原本独享主权的稳定的政治实体通过缔结契约，向国家联合体授让主权，由其管理相关公共事务的权力派生机制。在联邦制国家，联邦和各成员单位都有各自的专有权力，当然也存在部分双方共享的权力，中央联邦与各加盟成员单位之间不得相互超越权限。联邦与其成员的关系不是上下级行政关系；中央集权式的单一制国家，一般都是中央始终掌握着控制和指挥地方几乎一切行为（包括行政、立法和司法等）的绝对权力，而地方的权力都来自于中央的授予或让予，地方的这些权力，在宪法和其他有关法律中，一般只作了原则性的规定。正如林尚立教授所说，"和实行地方分权制国家不同，在中央集权制国家，地方政府的权力是由中央政府让予的，所以，不管怎么样，中央政府都有最终决定权。"[6]中央与地方的关系是上下级垂直关系。

我国自秦代以来一直都是实行单一制。新中国成立后，基于历史、现实等因素的考虑，仍然选择单一制的国家结构形式。1949 年 9 月，中国人民政治协商会议通过的具有临时宪法意义的《共同纲领》明确规定：中央人民政府对各行政区域单位有直接统辖指挥的权力，是最高行政管理的决定者；地方各级人民政府的行政管理活动，均须依据中央人民政府的政令开展。1982年全国人大修订的《宪法》进一步规定："中华人民共和国的国家机构实行民主集中制的原则"，"中央和地方的国家机构职权的划分，遵循在中央的统一领导下，充分发挥地方的主动性、积极性的原则"。根据宪法和地方组织法规定，国务院统一领导全国地方各级国家行政机关的工作，而国务院主管业务部门按照法律和行政法规的规定，在业务上领导或指导省级政府的各对应工作部门的工作；国务院主管业务部门有权按照法律和国务院的行政法规、决定和命令等，在本业务部门权限内，发布命令、指示和规章等，并在全国范围内施行。这就意味着，在国务院统一领导下，我国的上下级行政体系实行的是"条条"行政和"条块结合"行政。[7]这应该是我们考虑我国高等

---

5 张立荣.《中外行政制度比较》[M].北京：商务印书馆，2002，224.

6 林尚立.国内政府间关系[M].浙江：浙江人民出版社，1994，P20-21.

7 林荣日.制度变迁中的权力博弈——以转型期中国高等教育制度为研究重点[M].复旦大学出版社，2007，P161

教育管理中中央与地方关系的一个前提条件。无论高等教育管理体制如何改革，如何调动地方的积极性，都不能与单一制的国家结构形式相冲突。

2.2 行政学的观点

行政学对中央与地方关系的研究，侧重于中央与地方权力的配置和划分。通常归结为中央集权与地方分权问题的讨论。中央集权论的支持者认为，中央政府采取集权的体制是确保国家主权至高无上性的必要手段，坚持中央集权是为了更好地体现国家意志。还有论者认为，中央集权是后发——外生型国家现化化过程中的必然选择。因为，对后发——外生型国家来说，"现代化生产要素和现代化的文化要素都是从外部移植或引进的，工业化投资在很大程度上借用外国资本，甚至受外国支配；市场发育不成熟，在经济生活中未形成自动运转机制，政治权力即中央国家作为一种超经济的组织力量，就在现代化进程中一度或长期发挥巨大的控制与管理作用[8]"。地方分权论的支持者则认为，地方分权是现代民主国家不可或缺的重要内容，是达到"善治"（good governance）的基本途径。艾伦·罗森博姆（Allan Rosenbaum）列举了了分权的七个优点，即：(1) 分权的治理能分割政治权力；(2) 分权能创造更多的市民空间；(3) 分权为民主治理的发展及技能的提高提供了大量的实践机会；(4) 分权治理能给公民寻求来自政府的积极反应提供更大的选择范围；(5) 分权能为大众的需求提供多样化的服务；(6) 分权更能使市民感受到政策的有效性；(7) 分权为地方经济发展提供了大好机遇[9]。总之，分权治理近些年来受到越来越多发展中国家的重视和青睐，这既有上世纪八十年代开始流行的"新公共管理理论"的推动，也是拉美、非洲地区通过高度集中的政府结构来进行经济改革的努力失败，导致人们对中央政府能否成功进行经济改革产生了不同程度的幻灭感后的反应，"高度集权体制下的行政管理和政策执行能力给人带来理想的幻灭，由此强化了当今的分权运动"[10]。

实际上，对中央与地方权力的划分不限于集权和分权的争论，长期以来，在政府理论的研究中，还有一种处于比较特殊地位的理论就是"均权理论"。这种理论主动跳出传统的中央集权和地方分权的二元纷争，希望寻找

8　罗荣渠.《现代化新论》[M].北京：北京大学出版社，1993，P124.

9　[美]艾伦·罗森博姆.分权、治理与民主[J].国家行政学院学报，2001，4.

10　[美]艾伦·罗森博姆.分权、治理与民主[J].国家行政学院学报，2001，4.

处理政府间纵向关系的"第三条道路"。其中，"集分平衡模式"就是均权理论在政府间纵向关系研究中的主要应用。这种模式强调，中央政府和地方政府都是国家的有机组成部分，中央与地方权力的划分主要是事务的性质，而不是权力主体的归属[11]。这种理论实际上在各个国家都有体现，联邦制国家不断强化中央政府的权力，单一制国家则逐步扩大地方政府的权力，以期取得中央与地方之间权力的平衡。

建国以来，我国不断对中央与地方关系进行调整，希望找到集权与分权的平衡。1956 年 4 月 25 日，毛泽东主席在中央政治局扩大会议上作了《论十大关系》讲话。其中第五个问题专门谈"中央与地方关系"，对中央与地方的关系做出了系统的阐述，明确提出了处理这一问题的原则。即"中央和地方的关系也是一个矛盾。解决这个矛盾，目前要注意的是，应当在巩固中央统一领导的前提下，扩大一点地方的权力。给地方更多的独立性，让地方办更多的事情。这对于我们建设强大的社会主义国家比较有利。我们的国家这样大，人口这样多，情况这样复杂，有中央和地方两个积极性，比只有一个积极性好得多"[12]。但遗憾的是，在实际执行中，由于受计划经济体制的影响，我国未能很好地贯彻这一原则，长期处于"一统就死、一死就放、一放就乱、一乱就收、一收就死"的统分循环之中。反映在高等教育管理领域，自新中国成立以来，中央与地方关系也发生了几次大的波动。期间，时而强调中央集权，时而强调地方分权，中央与地方两者之间始终未能找到比较适应的平衡点，也始终未能寻找到有效的手段和途径，使两者的权力关系能够达到比较理想的配置状态。直到改革开放后，我国才逐渐建立起良性的中央与地方之间权力平衡的关系，目前这一探索仍在进行之中。

2.3 财政学的观点

从财政角度看，合理划分政府间事权是理顺中央与地方关系、完善财政管理体制的核心问题。因为"政府间事权划分不仅是政府间财政支出责任划分的依据，而且也是政府间收入划分及转移支付的重要基础，因此事权划分本身尽管不属于财政体制范畴，但却是财政体制确立与完善的逻辑起点"

---

11 张志红著.当代中国政府间纵向关系研究[M].天津：天津人民出版社，2005，69.

12 颜廷锐等编著.中国行政体制改革问题报告：问题、现状、挑战、对策[M].北京：中国发展出版社，2004，248.

[13]。只有政府间事权有了相对合理的、清晰的界定之后，才可以实现整个财政体制的正常运转。

对于如何合理划分政府间事权，目前国际上尚无统一的模式可以遵循。但事权划分须遵循的一些原则，是受到广泛认同的：

第一，是政治原则。即事权的划分必须以保证国家的政治利益为前提和基础，要兼顾全国人民的整体利益与地方人民的局部利益。当二者发生冲突时，要规定明确的先后顺序和取舍原则。

第二，是效率原则。有两层涵义：一是要以效率为依据界定市场和政府的职能范围，在市场更有效率的领域应当遵循市场优先的原则，对于市场失灵或低效率的方面，则要发挥政府的效率优势；二是要以效率为依据界定政府间的事权。凡下一级政府能办好的事务就不上交上一级政府处理，上一级政府只处理下一级政府难以处理和处理不了的问题。

第三，是受益范围原则。即依据公共产品的受益范围或"公共品的外部性"来确定[14]。原则上，外部效应覆盖全国或多个省级行政区域的公共品供给应该主要由中央政府承担，如国防、外交、收入分配，以及一部分教育、卫生和社会保障职能。外部效应覆盖范围仅限于省级行政区域内部的公共品供给则应该主要由地方政府承担。承担公共品供给责任的政府应该尽可能是行政区域与公共品外部效应覆盖范围相一致的政府。[15]。

第三，是法定原则。明确划分中央及地方政府的事权，并以法律的形式加以规范和固定，这是市场经济国家分级财政体制实践中的一个突出特点。例如在德国，各级政府间事权和支出范围划分的依据主要是国家宪法《基本法》中的分权自治与适当统一相结合的原则。这一法律不仅界定了各级政府的事权范围，而且还对各级政府间可能出现的事权与支出范围交叉、错位等问题作出了规定，从而使事权的划分更加客观、规范。从美国、加拿大等联邦国家的情况来看，其各级政府的事权均由联邦法律加以规定。在许多单一制国家，各级政府的事权范围，也都是通过相应的法律程序加以规范的[16]。

---

13 江孝感，吴大勤，冯勤超.政府间事权划分思路研究[J].东南大学学报（哲社版），2006，3.

14 赵琳，王湛.论我国政府间事权与财权划分的对称性[J].宏观经济，2004，11.

15 胡书东著.《经济发展中的中央与地方关系——中国财政制度变迁研究》[M].上海：上海三联书店、上海人民出版社，2006，168-169.

16 黄海鹰.中央和地方事权与财权的法律划分[J].东北财经大学学报，2006，（4）.

对照上述要求，从我国实际情况看，中央与地方政府之间的事权和财权的划分都不尽合理，存在不对称现象。

就事权划分来说，我国《宪法》、《中华人民共和国国务院组织法》和《地方各级人民代表大会和地方各级人民政府组织法》等，对各级政府的职能、事权作了一般性的规定。但是，这种事权的划分过于笼统、宽泛，说明也不够细化、具体。在这种情况下，对于只有中央政府才具有的事权（如外交、国防等），或只有地方政府才具有的事权（如对本地区提供公共产品或服务等）尚可以在各级政府间清晰地区分；而对中央和地方各级政府都具有的事权或者相互间有交叉的事权（如高等教育），则难以准确地判断事权归属。

从财权来说，目前，我国中央与地方政府间财政支出责任的划分比较混乱。一方面，财政支出责任与事权不对等，存在着中央政府事权不断下放，致使地方财政支出责任呈现越来越重的现象。有专家指出，2005 年中央政府集中了一半以上的财力，但实际支出只占 1/4；相反，地方政府的实际支出占 3/4。[17] 就高等教育而言，随着高等教育宏观管理体制改革的推进，一大批中央部委属高校移交地方管理，地方高等教育成为了我国高等教育大众化的主体。相应地，地方政府对高等教育的投入和管理责任加大。但相反的是，在此期间，地方财政支出占全国财政支出的比例不升反降。也即是说，中央政府并未随着高等教育的事权下放而增加地方政府的高等教育财力，导致高等教育的事权和财权不匹配。对此，可以用高等教育财权与事权匹配指数[18]来反映。1998-2008 年，这一指数从 1.046 增加至 1.917。可以说，高等教育财权与事权不匹配是当前地方高校财政性经费不足的重要原因之一。从 1998-2007 年，全国地方财政对高校的预算内拨款从 119.72 亿元增长至 974.26 亿元，年均增长率达 26.23%，尽管远远超过了同期地方财政收入的增速，但仍满足不了地方高校的实际经费需求[19]。另一方面，由于我国相关法律没有对各级政府

---

17 征庚圣、夏锋、何冬妮.基本公共服务均等化应成为中央与地方职责分工的新原则. 中国改革报，2006-11-25.

18 高等教育财权与事权匹配指数＝（地方普通高校在校数生/全国普通高校在校生数）/（地方财政收入/全国财政收入）。一般认为，该指数值越大，意味着高等教育事权与财权不匹配度越高。

19 赵应生、洪煜、钟秉林.我国高等教育大众化进程中地方高校经费保障存在的的问题及对策初探.内部稿.

应分担的责任和财政支出的比例标准作出明确的规定，因此使得实际操作过程中资金保障不到位，责任真空、缺位、扯皮等现象时有发生。[20]

2.4 高等教育学的观点

从高等教育发展史来看，高等教育功能和使命在不断演变，不同历史时期，高等教育功能和使命不一样。相应地，中央与地方政府在高等教育发展中扮演的角色也不相同。十八世纪以前，高等教育的功能主要是培养政府官吏和神职人员，因此，当时高等教育主要由王室和教会主办，地方政府参与有限；进入十九世纪，随着近代自然科学的发展和工业革命的不断推进，高等教育的科研和社会服务功能逐步显现，高等教育不仅受到一些国家中央政府的高度重视，而且引起一些国家地方政府的兴趣。如美国 19 世纪六十年代"州立大学运动"的兴起和英国 19 世纪七十年代"红砖大学"的出现，都体现了地方政府对发展高等教育促进当地经济发展的需求。进入 20 世纪以后特别是"二战"以来，高等教育日以成为"社会的中心"和"加油站"，高等教育不仅成为一个国家"核心竞争力"的重要体现，而且与地区经济发展联系更为密切，因此出现了高等教育"地方化"趋势，美国社区学院、英国多科技术学院、日本短期大学等都是这一发展趋势的体现。在此背景下，各国中央与地方政府在高等教育发展中形成了新的分工定位，突出表现在中央政府一般关注整个国家高等教育政策的制定，如入学规模、学费标准、质量评价等，一些国家中央政府还负责重点大学的举办。这是为了使整个国家高等教育更好地适应社会经济发展及世界竞争的需要，为此，许多国家将大学牢牢抓在自己的手中，从经费支持到大学校长任命都发挥重要作用，并且为了建立一批有国际竞争力的大学，一些国家还实施了重点大学建设计划，如德国、日本、韩国和新加坡等国家都开展了重点大学建设工作，其目的就是为了发挥高水平大学在创新人才培养、基础科学研究和科技成果转化中的重大作用，以保证国家竞争力。对于地方政府而言，则将主要精力集中于为当地经济社会发展服务的高等学校建设上，地方高校以培养当地经济社会发展所需要的各类应用型人才为目标，同时适当开展一些应用开发研究和科技成果的推广。这方面最典型的例子就是美国社区学院的发展。美国社区学院以其

---

20 赵琳，王湛.论我国政府间事权与财权划分的对称性[J].宏观经济，2004，（11）：3-5.

入学方便、学费低廉、专业设置灵活、适应性强受到当地民众的大力欢迎，并进而受到世界各国的仿效。

此外，影响高等教育管理中的中央与地方关系的因素还有效率效益的考虑。一般来说，幅员广大、人口较多的国家，如美国、印度、巴西、俄罗斯等，中央政府会赋予地方政府更多的高等教育管理责任，而国土面积小、人口相对较少的国家，如欧洲、亚洲许多小国，中央政府则会承担更多的高等教育管理责任。

上述不同学科关于中央与地方关系的阐述，为我们正确认识高等教育管理中的中央与地方关系提供了理论指导。在我们探索建立符合我国国情的"两级"高等教育管理体制时，首先，要从我国"单一制"国家体制出发，尊重中央政府的领导，不能离开中央政府的领导谈地方统筹决策权。其次，要处理好中央集权与地方分权的关系，在事关国家整体利益、保证高等教育基本标准的问题上，必须实行中央集权。而在适应各地特色、满足各地需求的问题上要赋予地方以决策权。再次，要通过法律明晰中央与地方两级政府高等教育管理权，做到权责明晰。最后，要用发展的眼光看待中央与地方的高等教育管理关系，二者的关系不是一成不变的，它要随着政治、经济、社会的发展而不断做出调整。总之，运用多学科理论知识，有助于我们加深对中央与地方关系问题的认识，从而有助于对完善"两级管理，以省管为主"高等教育管理体制的探索。

3 国内外高等教育管理中的中央与地方关系变迁

高等教育管理中的中央与地方关系是一国政治经济体制的具体体现，它会随着一国政治经济体制的变化而变化，也会随着时代的发展和高等教育发展形势的变化而不断加以调整。本章从历史与国际比较的角度，对高等教育管理中的中央与地方关系进行考察。

3.1 新中国的变迁（1949-1985 年）

自新中国成立至改革开放初，我国高等教育管理体制改革经历了一个不断调整的过程。反映在高等教育管理的中央与地方关系上，即体现为高等教育管理权力的上收和下放的不断反复。

3.1.1 变迁历程

我国中央与地方高等教育管理权力的变化，大至经历了如下几个阶段：

1、中央对高等教育管理权力的集中（1950-1955）

新中国成立初期，适应当时的社会环境，高等教育实行中央政府直接领导与各大行政区分别管理相结合的体制。1950 年 5 月 5 日，中央人民政府政务院颁布的《**各大行政区高等学校管理暂行办法**》规定，"除华北区高等学校由中央教育部直接领导外"，"各大行政区的高等学校暂由各大行政区教育部或义教部代表中央教育部领导"。[1] 由此确立了中央教育部对全国高等学校的领导权。

---

1 何东昌主编.《中华人民共各国重要教育文献（1949-1975）》[M].海口：海南出版社，1998，14.

同年 7 月 28 日政务院第 43 次政务会议通过了《**关于高等学校领导关系问题的决定**》，强调"全国高等学校以由中央人民政府教育部统一领导为原则"，并决定"中央人民政府教育部对全国高等学校（军事学校除外）均负有领导的责任，各大行政区人民政府或军政委员会教育部或文教部均有根据中央统一的方针政策，领导本区高等学校的责任。凡中央教育部所颁发的关于全国高等教育方针、政策与制度、法规、教育原则方面的指示，高等学校的设置变更或停办，大学校长、专门学院院长、专科学校校长的任免，师生的待遇，经费开支标准等决定，全国高等学校均应执行。某一地区、某一学校得因特殊情况作因时因地制宜的决定，但须事先经大行政区教育部建议或审查、报请中央教育部核准。"《决定》还指出，"华北区内高等学校，除已交由省政府领导者外，由中央教育部直接领导。其他各大行政区内高等学校，暂由中央教育部委托各大行政区教育部直接领导；中央教育部得视条件，有计划、有步骤地将各地区高等学校收归中央教育部直接领导。"[2]为此，1952年 11 月，中央人民政府决定设置高等教育部。

1953 年，随着第一个五年计划的实施，为了适应大规模经济建设的需要，有计划、按比例地培养各项建设人才，中央人民政府政务院做出了《**关于修订高等学校领导关系的决定**》，开宗明义指出中央人民政府高等教育部必须与中央各有关业务部门密切配合，有步骤地对全国高等学校实行统一与集中的领导。决定中央高等教育部根据国家的教育方针政策与学制，遵照中央有关决定与指示，对全国高等学校（军事学校除外）实施统一的领导。凡中央高等教育部所颁布的各种文件及其他重要法规、指示或命令，全国高等学校均应执行。如有必要变通办理的，须经中央高等教育部或由中央高等教育部报请政务院批准。"各大区行政委员会和省、市人民政府对当地高等学校负有指导、监督的责任，对学校的政治领导、干部学习、基本建设、一般人事及警卫等工作尤应予以积极的帮助和指导"。[3]

这一时期，为改变旧中国遗留下来的高等学校普遍规模偏小、办学规模效益差以及重文轻理工的现象，从 1952 年到 1957 年，全国高等学校实行了

2 何东昌主编.《中华人民共各国重要教育文献（1949-1975）》[M].海口：海南出版社，1998，44.

3 何东昌主编.《中华人民共各国重要教育文献（1949-1975）》[M].海口：海南出版社，1998，212-213.

有计划、分步骤、以前苏联高等院校为模板的大规模院系调整。经过这次院系调整，中央政府对高等学校的集中计划管理得到了加强。同时，全国也形成了"条块分割"的"部门办学"体制。据统计，1953 年全国 148 所高等院校中，由高等教育部管理的有 8 所，中央各业务部门管理的共 30 所，大区行政委员会管理的有 72 所，省、市、自治区管理的有 38 所。到 1955 年，全国有高等学校 227 所，基本上均隶属于高教部和中央有关业务部门领导管理。[4]

这一时期对高等教育实行集中管理，对于全国范围内高等学校院系调整和学习苏联经验进行教学改革，建立新中国社会主义高等教育体系是必不可少的。因为这样一项巨大的工程，不加以集中统一领导是很难完成的。当然，这种由中央业务部门管理高校的做法，在促进教育更好地为社会发展服务的同时，在教育实践中，它渐渐演化为部门所有制或部门割据，各省市的院校，也分属许多部、委、局、办管理。这种体制造成了教育资源的极大浪费，各部门、各行业的学校、科系重复建设。同时，大学成为了行政部门的附属，学校的发展、学科设置、经费投入等都随着主管部门的变更和经济状况而不断变化，这对高等学校的发展造成了相当大的损害，客观上也为后面的高等教育体制改革埋下了伏笔[5]。

2、权力向省级政府下放（1956-1960）

1956 年 6 月，全国人大一届三次会议认为中央对高等学校集中统一过多，影响地方办学积极性，开始逐步下放高等学校管理权。教育部和高等教育部合并成为教育部。1957 年 10 月，原由高教部直接领导以及委托各省代管的高等农业院校，除个别院校仍由农业部领导外，其余一律转交省政府领导或以省为主与农业部双重领导。1957 年 12 月，国务院将高等医学院校逐步下放给各省、直辖市、白治区领导。1958 年 4 月中共中央于发布《**关于高等学校和中等技术学校下放问题的意见**》提出，为了切实加强对高等学校和中等技术学校的领导，为了使这些学校培养出来的人才更加适合各地社会主义建设发展的需要，决定除少数高校由中央部门领导外，大部分学校下放到省、市、自治区领导。变过去以"条条领导"为主为以"块块领导"为主。下放的结

---

4 朱开轩.积极推进高等教育体制改革[A].国家教育委员会高等教育司.积极推进高等教育体制改[C].中国铁道出版社，1995，17.

5 林荣日著.制度变迁中的权力博弈——以转型期中国高等教育制度为研究重点[M].复旦大学出版社，2007，118.

果是全国共有高校 227 所，中央部门领导的学校由 100 所减少为 37 所，地方领导的学校由 127 所增加到 190 所。[6]

1958 年 8 月，中共中央、国务院作出《**关于教育事业管理权力下放问题的规定**》。《规定》指出，今后对教育事业的领导，要改变过去条条为主的管理体制，按照中央集权和地方分权相结合的原则，加强地方对教育事业的领导管理。规定：今后教育部和中央各主管部门，要集中主要精力研究和贯彻执行中央的教育方针和政策；综合平衡全国的教育事业发展规划；协助地方党委进行政治思想工作；指导教学和科学研究工作；组织编写通用的基本教材、教科书；拟定必要的教育规章、制度；对高等学校教师进行必要的调配；及时总结交流经验。并且要办好直接管理的学校。同时下放给地方很大的权力，如新建高等学校；进行政治思想工作及各种社会活动；对教育部和中央主管部门颁发的指导性教学计划、教学大纲和通用教材、教科书进行修订补充，或自编教材和教科书；地方可以结合实际，对过去国务院或教育部颁布的全国通用的教育规章、制度决定存、废、修订，或者另行制定适合于地方情况的制度。此外，还对招生、科研工作、干部教师管理、毕业生分配等项工作的权力下放作了规定。[7]这样就形成了对高等学校实行中央和地方两级管理、分工负责，在中央统一领导下以省级管理为主的新体制。

高等教育管理权力的下放，一方面调动了地方举办高等教育的积极性，使我国高等教育获得了较快发展。到 1960 年，全国高等学校数达到 1289 所，招生数达到 32.3 万，在校生人数达到 96.2 万，都创造了历史上的最高指标[8]。另一方面由于权力下放幅度过大，地方管理高等教育经验缺乏，导致了高等教育发展中的一些无序现象，各地盲目地举办了一批不具备条件的高等学校，违背了高等教育发展规律。

3、两级管理体制的确立（1961-1965）

1961 年，中共八届九中全会确定对国民经济实行"调整、巩固、充实、提高"的方针（简称"八字"方针）。据此，教育部从 1961 年起至 1963 年，连续召开了一系列调整工作会议，下大力调整高等教育事业。在高等教育发

---

6 郝维谦，龙正中主编.高等教育史[M].海口：海南出版社.2002，60.

7 何东昌主编.中华人民共各国重要教育文献（1949-1975）[M].海口：海南出版社，1998，850-851.

8 郝维谦，龙正中主编.高等教育史[M].海口：海南出版社，2002，186.

展方面，缩短了战线，稳定了学校规模，到 1963 年，全国高等学校调整合并为 407 所，在校生数由 96 万人减少到 75 万人。

在管理方面，加强了对全国高等学校的统一领导和分级管理，1963 年 6 月中共中央、国务院发布了《**关于加强高等学校统一领导、分级管理的决定（试行草案）**》，提出"对高等学校实行中央统一领导，中央和省、市、自治区两级管理的制度。"明确在高等教育工作中，各地区、各部门、各学校都要贯彻执行中央统一的方针政策；遵守中央统一规定的教学制度和其他重要的规章制度；都要按照全国统一的高等教育事业规划和计划办事。在中央和国务院的统一领导下，各部、委和省、市、自治区对高等学校的管理工作进行适当的分工合作，共同办好高等学校。[9]《决定》进一步明确了中央教育部、各业务部门及省、市、自治区人民委员会的主要职责。

经过对高等学校进行调整，到 1965 年，全国共有 434 所高等学校，其中高教部直接管理 34 所，中央有关业务部门管理 149 所，省、市、自治区管理 251 所。[10]到此，我国高等教育"条"（中央部门）、"块"（地方政府）分别办学、分级管理的模式和格局基本形成。

这次权力分配模式的调整，事实证明是有成效的，国家教育事业得到稳步发展，教育质量也得到一定提高。但是这次权力分配模式的调整，并未取得实质性进展，基本上又回到了 1958 年以前的模式，而且在某些方面有更加集中统一的趋势。[11]

4、管理权力的失序（1966-1976）

文化大革命"时期，整个教育战线陷入"天下大乱"。"文革"开始不久，国家教育部和各地教育行政部门即已瘫痪，工作已经停顿。教育部甚至于 1969 年被撤销，继之成立国务院科教组，直到 1975 年 1 月四届全国人大第一次会议上才决定撤销国务院科教组，恢复教育部；各地教育部门先后被夺了权，高等教育管理长期陷入混乱之中。

---

9 何东昌主编.中华人民共和国重要教育文献（1949-1975）[M].海口：海南出版社，1998 年，1183-1184.

10 朱开轩.积极推进高等教育体制改革[A].国家教育委员会高等教育司.积极推进高等教育体制改[C].中国铁道出版社，1995，17.

11 李春玲、肖远军.试论我国教育行政体制中的权力分配[J].江西教育科研，1996，（2）：1-4.

1969 年 10 月，中共中央发出《关于高等院校下放问题的通知》。其中规定，教育部所属的高等学校全部交由所在省、自治区、直辖市革委会领导。国务院各部门所属的高等学校，设在北京的仍由各部门领导，设在外地的院校可交由当地省、自治区、直辖市革委会领导。下放给地方的高等学校的撤销、合并、搬迁及专业调整等问题，由有关、自治区、直辖市革委会会同主管部门军管会共同研究，征求有关方面的意见，提出方案，经国家计委审核，报中央批准。[12]

这一通知直接引发一批高等学校被撤、并、迁，大批校舍被侵占，高等教育遭受巨大损失，造成了空前灾难。原中央部属院校经过调整后保留下来的 131 所中，除军工院校实行部门与地方双重领导、地方为主的管理体制外，仍由中央有关部门领导的只有 6 所。[13]中央对高等教育的领导大大削弱。

5、两级管理体制的恢复（1977-1985）

"文革"结束后，我国高等教育管理体制进入拨乱反正时期，重新强调实行中央统一领导，中央与地方两级管理的体制。

1977 年 8 月，邓小平在《关于科学和教育工作的几点意见》中，针对当时教育存在的问题，指出"需要有一个机构，统一规划，统一调度，统一安排，统一指导协作"。[14]9 月，在与教育部主要负责同志谈话时，他又指出，"要健全教育部的机构"，"重点大学教育部要管起来"，实行"双重领导，以教育部为主"。[15]

1978 年 2 月，国务院转发《教育部关于恢复和办好全国重点高等学校的报告》，指出"根据有利于加强党的一元化领导，越来越发挥中央和地方两个积极性，……对全国重点高等学校要实行统一领导，分级管理。"[16]6 月，教育部在南京召开国务院各部委所属高等学校改变领导体制的交接工作会议，一部分重点高等学校和非重点高等学校改为实行国务院有关部委和省、市、自治区双重领导，但以部委为主。

---

12 郝维谦，龙正中主编.高等教育史[M].海口：海南出版社，2002，279.

13 姚启和著.高等教育管理学[M].武汉：华中理工大学出版社，2000，110.

14 《邓小平文选》第 2 卷[M].北京：人民出版社，1994，52.

15 邓小平文选（2）[M].北京：人民出版社，1994，68-70.

16 中国教育年鉴（1949-1981）[M].北京：中国大百科全书出版社，1984，804.

1979 年 9 月 18 日，中共中央批转教育部党组《**关于建议重新颁发〈关于加强高等学校统一领导、分级管理决定〉的报告**》，重新恢复了 1963 年确定的"中央统一领导，中央和省、市、自治区两级管理"的体制。全国普通高校中，少数直属于教育部，一部分隶属于国务院有关部委，大部分隶属于各省、市、自治区和计划单列市。1981 年，全国有高等学校 704 所，其中教育部直接领导的有 38 所，国务院有关部委领导的有 226 所，各省、市、自治区领导管理的有 440 所。[17]这样，统一集中、条块分割的高等教育管理体制越显突出。

到 20 世纪 80 年代中期，这种体制已逐渐不适应社会经济发展的需要。条块分割办学造成部门割据严重或部门保护主义色彩浓厚。针对存在的突出问题，1985 年《中共中央关于教育体制改革的决定》提出要改变国家包得过多、统得过死、管理体制上条块分割的弊端。以此为标志，真正拉开了我国高等教育体制改革的序幕。

从以上简要分析可知，新中国成立至改革开放初，我国高教领域中央与地方的权力关系一直处于不断反复之中，并且交错出现高度集权和高度分权的状况。这一期间的权力变化趋势，大体可用表 2 显示[18]。

表 2：1949-1978 年中央与地方高教权力关系简表

权力类型 ＼ 年份	1949—1952	1953—1957	1958—1960	1961—1962	1963—1969	1970—1971	1972—1976	1977—1978
高度集权		+++						+++
集权为主					+			
分权为主	！			！			！	
高度分权			！！！			！！！		

注："！"表示分权为主；"！！！"表示高度分权；"+"表示集权为主；"+++"表示高度集权。

（转引自：林荣日著.制度变迁中的权力博弈——以转型期中国高等教育制度为研究重点.复旦大学出版社，2007，171.）

---

17 中国教育年鉴（1949-1981）[M].北京：中国大百科全书出版社，1984，237.

18 林荣日著.制度变迁中的权力博弈——以转型期中国高等教育制度为研究重点[M].复旦大学出版社，2007 年，170-171。

3.1.2 变迁特征

1、较好地适应了当时的政治经济形势

除了"文革"非正常时期，在大部分时间里，中央与地方高等教育管理关系是与当时的政治、经济形势相适应的，促进了高等教育事业的发展。建国初，教育部与各大行政区对高等教育的共同领导，有利于不同地区根据各自情况加强对高等教育的管理，稳定高等教育秩序，改造和整顿教育结构和布局，使之适合于社会变革的需要；此后，对高等教育的集中统一管理，有利于政府对高等教育的宏观调控，有利于按需培养紧缺人才，适应了大规模国民经济建设的需要；1958年开始的高等教育管理权力下放，改变了管理体制上的条条为主、过于集中的状况，充分发挥了地方办学的积极性，对适应地方经济及社会发展是必要的，可以说是一次调动地方举办高等教育积极性、摆脱前苏联高等教育办学模式的尝试；文革后"中央统一领导、分级管理"体制的恢复，则是当时拨乱反正的需要，对遭遇文革摧残的高等教育尽快恢复到正常状态并获得较大发展起到了积极作用。

2、中央与地方关系的调整没有根本性突破

这一时期中央与地方高等教育管理关系虽然几经演变，但在总体上一直是国家集中计划、中央部门和地方政府分别办学并直接管理的体制。高等教育管理权力的几度"下放"与"上收"，主要是解决高校的领导关系问题，即由中央政府领导还是由省级政府领导，而没有把改革的重点放在理顺政府与高校、中央与地方的关系上，以促进条块结合和使学校面向社会依法自主办学，结果改来改去，对高校而言，主要是换了一种依附关系，换了个"婆婆"，高等教育仍缺乏统筹规划。而且，由于没有建立必要的法规，曾出现过"一放就乱"、"一乱就收"的现象，有些学校在"放"、"收"的过程中学校建设和教学工作还受到较大影响。[19]

3、"苏联模式"的影响很深

建国后不久，我国按苏联模式对旧的高等教育体系包括管理体制进行了改造。苏联模式的最大特点就是高等教育实行由中央政府各业务主管部门实

---

19 朱开轩.积极推进高等教育体制改革[A].国家教育委员会高等教育司.积极推进高等教育体制改[C].中国铁道出版社，1995，18-19.

行高度统一的集中管理。我国按照苏联模式建立起立起来的高等教育管理体制，其影响一直延续到上世纪九十年代后期。苏联解体后，承继前苏联高等教育主体的俄罗斯随着政治体制的剧烈变革，在高等教育管理体制改革方面采取了"解中心主义"，加大了联邦主体和地方政府的高等教育管理权责；我国则由于长期实行的高度集中管理体制的"路径依赖"，中央政府在高等教育管理上的放权力度有限。

3.2 部分国家的变化趋势

高等教育管理中的中央与地方关系受各国政治、历史传统的影响，并随着社会的发展而不断变化。二战以来特别是上世纪八十年代以来，世界各国，无论是中央集权国家还是联邦分权制国家，高等教育宏观管理体制改革有一个共同的趋势，就是逐步走向中央集权与地方分权之间的平衡，中央集权国家不断向地方分权，加大地方对高等教育的管理权力；联邦制国家则进一步加强联邦政府对高等教育事务的介入，加大对高等教育的干预力度。

3.2.1 国别情况

1、联邦制国家情况

美国属于典型的地方分权国家，根据联邦宪法，教育权归各州所有，联邦政府无权领导或控制高等教育。但是，"高等教育作为整个社会系统一个组成部分，不可能完全独立"[20]。特别是随着现代科学技术的发展，教育对国家政治、经济、文化的作用越来越大，任何国家的政府都不可能完全放手任地方政府去自筹自划而不给予引导、帮助和制约。尽管美国宪法把教育的行政权赋予州政府，但联邦政府仍通过法律与资助金等形式，对教育施加了愈来愈强的影响。事实上，美国联邦干预高等教育的尝试在建国后不久即开始了。从开始建立国立大学意图的挫败，到后来联邦最高法院对达特茅斯学院案的判决，以至后来赠地学院的建立，都体现了联邦政府对高等教育的实质性参与和影响。但联邦政府对高等教育更多的干预是在二战后，为因应冷战的需要，保持美国在军事、经济和科技上的实力和领先地位，联邦政府加强

---

20 邢克超.共性与个性——国际高等教育改革比较研究[M].北京：人民教育出版社，2004，4.

了对高等教育的干预。如 1958 年，国会通过了《国防教育法》，该法授权美国联邦政府专拨经费直接支持高等教育发展。据此，联邦政府拨出数百亿美元援助教育事业的发展，对教育进行必要的干涉。《国防教育法》是战后美国联邦政府通过立法形式直接干预教育的重要措施，有力地推动了美国高等教育的发展。在该法案及后来美国国会通过的一系列有关大学的立法的推动下，联邦政府对大学的影响和干预空前加强，以至人们认为出现了一个大学的"联邦时期"。[21]

1965 年，国会进一步扩展了联邦在高等教育方面的作用，颁布了美国历史上第一次直指高等教育法案的《高等教育法》，首次明确规定联邦政府要向公立和私立高校提供长期而全面的资助，对各种经济学科和管理学科进行重点扶持，表明了联邦政府对高等教育直接干预的明确态度。按照哈佛大学前校长帕西的评论："1965 年通过的《高等教育法》，是联邦政府问心无愧地直接关心高等教育，是制定的第一个法令。"[22]1968 年、1972 年和 1976 年，国会又先后通过《高等教育法》的修正案，进一步明确规定联邦政府扩大和提高对高等教育的资助范围和规模，重点在于学生资助和扩大中等后教育机会。至此，联邦政府已成为美国高等教育的最大投资者，扩大并稳定了自己在高等教育中的地位和作用。

1979 年，联邦政府把教育署提升为教育部。尽管国会在通过教育部设置法时重申了教育职权地方化的精神，但它被授权负责联邦关于教育法规的执行，并管理和分配联邦的高等教育补助经费。这一教育行政管理的重大变化，表明了美国高等教育体制出现了集权倾向。另外，联邦法院对宪法的解释增大其影响力，并增加联邦对地方教育经费的补助拨款，同时把这种补助拨款由过去的无条件改为有条件的补助拨款；联邦政府积极规划或组织各种教育改革政策措施，尤其是制定全美教育发展战略，提出建立全国教育质量标准和与此相应的考试制度；通过联邦政府的巨额拨款和特别资助对各地教育事业发展施加影响和作用，促使地方教育权力日渐受到规范和限制[23]。

---

21 徐小洲编著.自主与制约：高校自主办学政策研究[M].浙江教育出版社，2007，43.
22 [美]N·M·帕西.美国的高等教育[M].杭州大学高等教育研究室，高教研究丛刊（11），58.
23 陈永明著.主要发达国家教育[M].天津：天津教育出版社，2006，62-63.

与此同时，联邦政府还推动各州建立州层次的高等教育协调机构或管理机构，以确保联邦政府为适应 20 世纪 60 年代高等教育入学规模、校园规模、教育项目的快速增长而为各州提供的财政资助和其他资助得到适当的管理和应用。1965 年颁布的《高等教育法》要求每个州为高等教育建立一个协调性机构。它促使所有部门的协调，随着州层次的协调委员会或董事委员会的建立或加强以至更多有关机构事务的决策都要到州政府协商，这样自这个时代开始加快了高等教育管理朝向联合趋势。根据《高等教育法》第 1202 条的规定，各州迅速建立各种委员会。到 20 世纪 70 年代早期，州政府层级组织的基本形式已经成形，州所设立的高等教育管理机构经过十年成长，在 1972 年达到高峰。到 1972 年，47 个州已经成立了联合型高等教育管理委员会，负责所有大学（有些还包括学院），或是负责全州两个或两个以上高校的规划和协调事务。有 3 个州境内的高等教育机构有限，并没有特别成立法定机构，而是继续利用现有的董事会、非正式的协调机制，或是州长和州议员直接参与的、处理全州高教事务的高等教育管理委员会。[24]

20 世纪 90 年代被称为"美国近代历史上最科层集权的年代"，州政府对高等教育的控制地一步加强，包括：经费控制；对高校的采购、人事和津贴、校舍、设施设备的管理；治理的集中化与整合；废除州的协调与规划机构，把监督的功能转移到州政府部门及州立法部门等。[25]

德意志联邦共和国也属于地方分权制国家，实行文化联邦主义。各州享有"文化主权"，包括高等教育在内的文化教育事业的立法权及行政管理权都属于各州，由各州负责履行国家职能并完成国家任务。在第二次世界大战后相当长的时间里，联邦政府在高等教育领域几乎没有影响力，大学与国家的关系体现为大学与州之间的关系[26]。

1969 年后，随着社会的发展以及科学与教育事业的发展，在坚持文化联邦主义、维护各州文化主权的前提下，联邦与各州之间、州与州之间在高等

---

24 徐小洲编著.自主与制约：高校自主办学政策研究[M].杭州：浙江教育出版社，2007，66-67.

25 徐小洲编著.自主与制约：高校自主办学政策研究[M].杭州：浙江教育出版社，2007，60.

26 张斌贤主编，周丽华著.德国大学与国家的关系[M].北京：北京师范大学出版社，2008，135.

教育领域开展了全面而深入的合作，德国传统的文化联邦主义最终演变成合作式文化联邦主义。其标志是 1969 年修订的《基本法》。

在 1969 年以前，联邦对高等教育领域的介入主要体现在两个方面：一是基于德国基本法第 5 条第 3 款的规定，即国家保证艺术与科学、研究与教学的自由之职责，联邦自基本法颁布之日起就获得在科学研究领域里有关促进科学研究的立法权；二是在文化管理领域从业的公务员法的立法权。

1969 年《基本法》的修订，使联邦在高等教育领域的职权范围大大扩展。它不仅为联邦政府获得高等教育总法的立法权提供了合法性，而且承认了联邦政府在教育与科学系统的发展计划上与州平等的话语权。具体地讲，此次修订的内容包括：扩大联邦有关在联邦范围内高等学校一般性原则框架性规定的立法权（第 75 条第 1A 款）；扩充联邦有关确定培训补助金条例的竞争性立法权限（第 74 条第 13 款）；赋予联邦参与在高等学校扩建老校和兴建新校及其附属医院的共同任务（第 91A 条）；确立了联邦与各州在教育规划和跨地区科学研究资助计划中的合作关系（第 91B 条）。[27]从此以后，联邦政府积极采用与各州合作及补助方式，以健全联邦与各州之间的教育行政关系；"联邦主义"色彩越来越浓，联邦政府主导或呼吁制定全国性教育规划和政策措施；加强与地方的"合作"，进行财政"补助"，旨在强化联邦政府的"干预"。

1994 年成立联邦教育、科学、研究和技术部，旨在学术研究和科学技术一体化。同年，修改《基本法》，承认联邦政府对高等教育的作用。1998 年修改《高等教育大纲法》，进一步确认联邦政府对全国高等教育事业发展的地位与职责。这些变化表明，德国联邦政府对全国教育事业发展正在逐步扩大权限和加强职能，趋向于均权化。[28]在此背景下，大学与国家的关系，虽然仍然主要是大学与州的关系，但大学与联邦政府以及大学与跨州的政府合作组织之间的关系，也逐渐成为大学与国家关系中的重要内容。

2、中央集权制国家的情况

俄罗斯（属于联邦制国家，但高等教育管理体制受前苏联影响很深）高等教育从苏联高等教育那里承继过来。苏联高等教育实行单一的国家办学体制和中央集中统一和部门条块分割的管理体制。这种高等教育体制是与苏联

---

27 张斌贤主编，周丽华著.德国大学与国家的关系[M].北京：北京师范大学出版社，2008，135-139.

28 陈永明著.主要发达国家教育[M].天津：天津教育出版社，2006，65-66.

时期社会主义计划经济相适应的。苏联解体后，俄罗斯高等教育体制变革的方向或总出发点是面向市场经济。为此，俄罗斯开始了触及高等教育体制的实质性变革。在办学体制上，打破单一的国家办学体制，除军事院校外，均实行多位举办者体制。1992 年 7 月 10 日颁布的《俄罗斯联邦教育法》规定教育机构的举办者可以是国家政权管理机构和地方自治机构及其它境内外各种组织和公民。"俄罗斯高等教育举办者从惟一的国家主体向多元主体的转变，结束了长期以来俄罗斯高等教育只有国家而无社会的局面"[29]。

在管理体制改革方面，首先是弱化行业部门管理方式。随着中央高度集权的计划经济体制的瓦解，国家在人才培养方面不能再作硬性的规定。高等教育体制变革要求地方政府参与培养为本地区经济建设服务的专门人才，而且须自主决定人才培养、培训方向和方式，并且负责筹集所需办学经费。为此必须弱化归口部门管理。1993 年俄罗斯财政部和国家高等教育委员会就明确反对将俄罗斯国立高等院校划归原为其提供财政的 21 个部门来掌管；同时要求将大多数高等师范院校转出俄罗斯教育部，并使大多数其他中央部委高校转由地方政府接管。其次是确立多层次管理机构及其权限。俄罗斯将中央集中统一和部门条块分割的管理变为"三层"管理，即联邦、联邦主体和地方自治机构三层。因此，国家高校有属俄罗斯联邦管辖的和俄罗斯联邦主体管辖的；地方高校属地方自治机构管辖。各管理层都有自己的管理权限。[30]

根据《俄罗斯联邦教育法》和《俄罗斯联邦高等和大学后职业教育法》的规定，俄罗斯联邦在高等教育领域内的权限主要包括："制定和实施联邦的高等教育政策；制定高等教育的国家标准和标准条例；组建、领导联邦和各部门的国家高教管理机构并任命其负责人；制定高教机构创建、改建和撤销的程序；制定高等教育的专业目录；建立高教评估和监测系统对高校进行检查、评估、鉴定、验收和颁发许可证；制定高等教育的经费预算并确定拨款方式；解决高等教育证书的相互对等和承认的问题；确定高等教育工作者的教育资格；负责高教干部的培养和再培训；建立联邦统一的教育系统等等"。[31]

俄罗斯 89 个联邦主体（49 个州，21 个民族共和国，6 个边疆区，10 个自治区，1 个犹太自治州和 2 个直辖市）在高等教育领域内的权限包括：制定

29 张男星著.俄罗斯高等教育体制改革[M].长春：吉林教育出版社，2003，45.

30 张男星著.俄罗斯高等教育体制改革[M].长春：吉林教育出版社，2003，50

31 张男星著.俄罗斯高等教育体制改革[M].长春：吉林教育出版社，2003，50-51.

和实施不与俄罗斯联邦政策相违背的高等教育政策；制定各联邦主体自己的教育法和高等教育法；制定相应的民族、区域高等教育标准；编制各联邦主体的高等教育经费预算和拨款限额等等。

俄罗斯地方自治机构在高等教育领域内的权限包括："实施国家教育政策，编制地方教育预算，管理和评估其辖区内的高等教育机构，任命地方教育管理机构的负责人，为地方教育机构在房屋建造上提供服务，发表教育机构实施条件的平均统计数字等等"。[32]对高等教育管理权限的重新分配，大大缩减了联邦中央管理机构在日常性直接管理方面的权限，与苏联时期相比，地区和地方管理部门的权力明显增强。但联邦管理机构在依法调节教育领域各种关系方面仍起主导作用。

法国，作为典型的中央集权制国家，长期以来，法国的中央教育部统管全国各级各类教育。就高等教育的宏观政策管理而言，中央教育部享有从发展政策的制定到公立高校及其专业的设置、国家文凭的发放、经费的提供和监督执行等广泛的权力。但从上世纪六十年代起，法国也开始了高等教育管理体制的改革。主要是两方面：一是权力的下放（decentralisation），即扩大高等学校的办学自主权。1968 年 11 公布的《高等教育方向法》承认高等教育机构享有行政、财务和教学方面的自主权。1984 年正式生效的新的《高教指导法案》重申了相同的原则。该法案第 20 条表述如下："具有科学、文化和职业性质的公立机构是具有法人身份和享有教学、科学、行政和财政自主权的国家高等教育和研究机构。这些机构以民主的方式由教职员工、学生和校外人士共同管理。它们在国家有关规定的框架内，在遵守有关合同承诺的原则下制定各自的培训、研究和文献资料管理政策"[33]。九十年代进行的一系列改革，进一步加强了大学一级的管理职能，使集权与自主这对矛盾朝着对学校和社会有利的方向发展。

另一方面是权力分散（deconcentration），主要是扩大学区权限。法国高等教育的地方管理机构是学区。每个学区由一名学区长管理。学区长在高等教育方面的职责可分为两部分：一部分与其他层次教育领域中一样，学区长是国民教育部长在学区的代表，主持管理，进行协调；另一部分，作为大学训

32 张男星著.俄罗斯高等教育体制改革[M].长春：吉林教育出版社，2003，41-52.

33 [法]雅基·西蒙，热拉尔·勒萨热著，安延译.《法国国民教育的组织与管理》[M].北京：教育科学出版社，2007，161.

导长，对独立的院校承担法律所规定的特殊任务[34]。1968 年《高等教育方向法》和实施文件赋予学区长——大学训导长对学校进行监管的权力，他们以部长的名义行使这些权力；根据 1985 年 8 月 21 日政令，教育部长对其职权范围内国家专职人员和实习生管理的全部或部分权力转交学区长和学区督学[35]；1999 年，将高等教育奖学金的颁发权委托给学区长；2003 年 2 月，又进一步授予学区长签署高等教育国家学位和文凭的权力。

总之，近二十多年来法国通过不断的教育改革已逐步淡化其集权的色彩，逐渐增大地方教育行政机关的权限。

3、中央与地方合作制国家的情况

区别于上述两种类型，还有些国家如英国和印度在教育管理上采取中央与地方合作的管理体制。

英国传统的大学是自治机构，不受政府干预。二战前夕（1944 年），英国成立教育部，作为教育行政首脑的教育大臣负责领导和监督地方当局的教育政策，由此确立了英国"中央与地方共同合作"的教育管理体制。

20 世纪 60 年代，英国开始建立起高等教育"双重制"，即把高等教育分为"自治"的大学部分和大学以外的各种学院构成的"公共"部分，前者具有"自治"和学位授予权，经费由中央政府通过拨款委员会拨给；后者主要由地方教育当局负责管理和提供经费，不具有学位授予权。"双重制"的确立明确了中央和地方政府管理高等教育的权限，但中央政府的控制较弱。

为摆脱这一窘境，中央政府开始加强对整个高等教育的管理。根据 1988 年颁布的《教育改革法》，"地方教育当局不再负有为本地区提供高等教育设施的职责"，主要负责本地区的继续教育以及部分非学位和部分时间制的高等教育。这样一来，地方教育当局的权限就被大地削弱了。1992 年，英国议会通过了《继续教育与高等教育法》，正式废除高等教育"双重制"，英国的高等教育被纳入统一的拨款体系，中央政府加强了对大学的宏观调控。

尽管自从 1988 年的《教育改革法》颁布之后，地方政府弱化了对高等教育的影响（尤其在财政上），但仍然保持与高等教育的联系。英国地方政府在

---

34 [法]雅基·西蒙，热拉尔·勒萨热著，安延译.《法国国民教育的组织与管理》[M].北京：教育科学出版社，2007，99.

35 [法]雅基·西蒙，热拉尔·勒萨热著，安延译.《法国国民教育的组织与管理》[M].北京：教育科学出版社，2007，195.

高等教育管理上的协调作用不容忽视。现在英国中央教育行政机构"教育与技能部"与地方教育当局仍保持着一种协调合作的关系，通过沟通的方式来行使教育管理职能。"教育与技能部正在有意扩大其权限和职能，以有利于国家教育政策得到贯彻和落实，而中央教育行政部门与地方教育行政当局应当彼此沟通与协调的精神并没有因此而改变。"[36]

印度作为一个联邦制国家，实行由中央政府和邦政府合作管理高等教育的体制，由宪法和各种立法分别规定了各有关方面的管理权限。1950年生效的印度共和国宪法分别规定了中央政府的权限（Union List）、邦政府的权限（State List）及中央政府与邦政府的协同权限（Concurrent List）。尽管"教育，包括高等教育"属于邦政府的权限，但各邦的权限受到"协同权限"中有关条款的限制。印度宪法第7表第1条第63-66款规定了中央政府在管理高等教育方面的权限，其中第66款规定，中央政府有权"协商并决定高等教育机构或者研究与科学技术机构的标准"。据此，高等教育中的很多方面都可以被牵强附会地与"各种标准"联系起来，中央政府可以据此干预高等教育。1977年1月生效的宪法第42修正案把整个教育事业从邦政府的权限范围划入协同权限范围，中央政府对全国教育事业有了比以往更大的发言权。[37]

综上所述，努力实现中央与地方在高等教育管理中的权力均衡是当代一些高等教育发达国家的共同目标。联邦分权制国家为最大程度地实现国家利益，促进高等教育更好地为经济、社会发展服务，增强国家的竞争力，逐步加强对全国高等教育的干预和控制；中央集权制国家则为减轻中央政府的负担，调动地方的积极性，增强高等教育的灵活性，使高等教育更好地与当地经济社会发展相结合，不断向地方下放权力，增加地方政府发展高等教育的责任。

3.2.2 基本经验

1、依法确立中央与地方的高等教育管理权责

通过法律明确中央与地方高等教育管理权责是发达国家的共同特征。早在建国初，美国宪法就确立了联邦与州各自的权责。1791年的宪法第十修正条款规定，宪法未授予联邦的而又未禁止给各州的权利，保留给各州

---

36 陈永明.发达国家教育管理体制的改革[J].比较教育研究，2004（1），62-66.

37 安双宏.印度政府对高等教育的管理[J].比较教育研究，2006（195），8.

或公民。据此，联邦和州都认为，相对于州履行的权力而言，联邦对州的高等教育控制力是第二位的。州可以设置、建立和重建学区；聘任和解聘教职员工；规划课程；建立和执行学业认定标准；直接决定公立学校的所有管理及运作事务。与此同时，联邦政府仅能辅助和间接地介入，其方式有三，"一是州以协议的方式默许地接受国会以公共福利条款形式提供的联邦基金；二是通过国会已在商业条款中批准的标准和规章；三是通过法院执行宪法中保护公民权力与自由的条款来约束资助行为。"一直到二战前，联邦政府对各州教育基本秉持不干预、不过问的态度。直到战后，联邦政府才逐步加强对高等教育的干预，逐步突出联邦政府在教育领域中的地位和作用。

德国联邦与州的教育权限也是由《基本法》即联邦宪法决定的。德意志联邦共和国成立之时，即1949年制定的《基本法》并未将教育事业的管辖权授予联邦，教育事业依然是各州的事情。直到1969年，对《基本法》进行了修改后，联邦政府和联邦议院才在教育方面拥有了有限的权力。联邦负责制定总法，其它的一切都由州负责。举办和组织权、法律监督、财政主权和人事主权均系州的权限。

法国大革命后，拿破仑执政时，于1806年颁布《帝国大学法》，以法律形式规定了高等教育的管理权在国家，高等学校一律由国家开办，从而建立了中央集权的高等教育管理体制；1968年通过的高等教育法确定了高等教育管理向地方和大学放权的原则；1985年法国社会党通过的《非集中化法》进一步通过教育法律形式明确了政府、大学区各自对教育的职权范围。按教育立法精神来推行中央政策，明确各级政府在教育管理中的职权是法国政府教育管理法治的发展趋势。

苏联解体后，继承前苏联高等教育的俄罗斯也十分重视通过法律明确联邦与各联邦主体的高等教育管理权责。首先俄罗斯《宪法》（第72条）将一般教育问题划归联邦及各联邦主体共同管理。与这个条款相一致，1992年开始实行的《教育法》重新规定了不同层次教育管理机构的管辖范围。2004年对《关于俄罗斯各联邦主体立法机构和国家权力执行机构的一般组织原则法》和《关于俄罗斯联邦地方自我管理的一般组织原则法》等联邦法律作了修改和补充。这些措施对不同的国家管理机构和地方管理机构间权力的划分产生了实质性的影响，其中对教育领域权力划分的影响同样重大。整体来说，这些变化导致联邦教育管理部门职权范围的压缩，特别是大大地限制了联邦管理机构直接调控地区教育系统活动的可能性。[38]

印度也是由宪法和各种立法分别规定了各有关方面的管理权限。中央政府负责的高等教育管理权限有：制定高等教育发展规划；建立高等院校的标准；组织高等教育发展具体计划的实施；通过财政手段调控高等教育质量；推动大学和校际中心开展科学研究；开展高等教育有关方面的改革；批准并管理中央直属大学、理工学院和研究机构；促进高等教育的理论研究和国内外大学、学院之间的合作与交流；负责与联合国教科文组织、有关机构和基金会的联系与合作。而邦政府则是高等教育宏观管理的主体，邦政府不仅有权建立大学，而且能影响乃至控制大学的运作。[39]

2、中央与地方的权责划分逐步合理

各国中央与地方政府在高等教育管理上的分工受历史、文化的影响，并随着政治、经济、科技等形势的变化而不断调整。

美国高等教育以州管理为主，联邦政府主要通过立法、经费资助等手段引导高等教育的发展，实现联邦的政策目标。

德国联邦政府和州政府都对高等教育负有责任。前者制定高等教育的总纲，而后者则各自制定自己的高等教育法。联邦政府拥有 50%的决策权，并负责建新楼、新校园以及购买大型科学设备所需的资金。但是每一个州都有权负责财政预算的发放、岗位设置以及对新课程的评审。州政府还负责教授的招聘工作[40]。

中央集权制国家则在加大高校办学自主权的同时，将日常具体事务的管理权限逐步下放给地方政府。这方面法国和俄罗斯的表现最为突出。法国原来高等教育各种管理权力都集中在中央政府，但如上所述，自上世纪六十年代以后特别是八十年代以来，中央政府开始向地方教育管理机关放权，各大学区承担了越来越多的对大学具体事务的管理。

---

38 朱小蔓，Н.Е.鲍列夫斯卡娅，В.П.鲍利辛柯夫主编.20-21 世纪之交中俄教育改革比较[M].北京：教育科学出版社，2006，52-53.

39 安双宏.印度政府对高等教育的管理[J].比较教育研究，2006，8.

40 [英]玛丽·亨克尔，布瑞达·里特主编，谷贤林等译，朱旭东校.国家、高等教育与市场[M].北京：教育科学出版社，2005，37.

俄罗斯联邦政府自九十年代起，也开始加大各联邦主体和地方政府对高等教育的管理责任。2001 年，俄罗斯联邦政府通过的《2010 年俄罗斯教育现代化构想》提出，各教育政策主体（首先是联邦和地区管理机关之间，地方自治机构的管理机关和教育机构之间）的权力、职能和责任应得到明确的分配和协调一致。高等教育管理权从集中走向分散。联邦政府主要侧重于全国统一高等教育体系和标准的建立，各联邦主体和地方政府则负责所举办高校的日常管理。

印度尽管宪法第 42 修正案将整个教育事业从邦政府的权限范围划入协同权限范围，但邦政府仍然是高等教育宏观管理的主体。邦政府不仅有权建立大学，而且能影响乃至控制大学的运作。各邦大学的校长基本都由现任邦长兼任，个别不是由邦长兼任校长的大学，邦长也是其"视察员"（Visitor，权力与校长相同）。许多邦还通过对本邦的邦立大学法案进行修订，使政府的干预合法化。

可见，在高等教育管理问题上，中央政府负责全国高等教育体系的建立、办学标准的制订和事关国家长远发展的重大政策的制订，而地方政府负责常规管理，是各国高等教育管理分工的主要趋势。

3、中央政府注重高等教育宏观管理，不直接干预地方和高校事务

第一，注重通过立法推行各项高等教育政策

美国是这方面的典型代表。1862 年美国林肯总统签署通过的《莫雷尔法》，也称《土地赠予法》，要求联邦政府赠予土地资助各州兴办农工技术学院，促进了适应现代资本主义经济发展的现代高等教育体制的形成。1958 年国会通过的《国防教育法》授权美国联邦政府专拨经费直接支持高等教育的发展，联邦机构实现了建国伊始就期望的让美国高等教育为美国的政治、军事、经济发展直接服务的目的；1965 年通过的《高等教育法》则表明了联邦致力于为经济困难学生提供平等教育机会的决心。美国联邦立法中有关高等教育的立法有 20 余项，足见美国联邦政府十分重视高等教育立法工作。另外，美国各州都制定了教育法规，其中有许多关于高等教育的条款。各州通过立法形式，授权新建公立高校，任命校董事会成员，规定教师资格和学位课程的标准，对本州高等教育的经费来源、组织形式和课程设置做出原则性的规定。这些法律条文对美国的高等教育起着重要的制约与调节作用，规定着高等教育的方向。

法国素有重视教育和法治主义的传统，实行法治主义是法国教育的一大特色，20世纪下半叶，法国高等教育的三个阶段改革就是以三个法律为标志的：1968年《高等教育指导法》开启了第一次高等教育改革。确定了大学的三项原则：自治、参与和多学科；1984年《高等教育法》引发了第二次高等教育改革。新的高教法重新确定了公立高等学校的性质，即以科学、文化和职业为特点的公立教育机构。职业性从此成为高等教育的宗旨之一，实现了有史以来的一大理论突破。新法还赋予了大学在财务方面的自主权，并建立了一些新的咨询机构，首开国家和社会对其监督检查之先河；1989年《教育指导法》引发了第三次改革。新的改革将重点放在扩大大学生数量方面。提出在2000年时法国80%适龄青年具有高中会考文凭。为此，法国相继制定了两项计划，一是部长会议1990年1月10日通过的《紧急计划》，一是1990年5月23日部长会议原则同意的《大学整治与发展多年计划》[41]。

第二，注意通过拨款资助等手段调控全国高等教育

根据美国宪法，州保留高等教育的主要责任。为施加对全国高等教育的影响，以达到联邦所意识到的国家目标，联邦通过拨款和赞助来引导各州的高等教育。联邦政府每个有关高等教育的法令出台，财政资助拨款必定陪伴同行，美国的教育法可以说是"分钱法"。[42]联邦政府一方面通过财政拨款和资助来实现高等教育的发展战略重点，协调高等教育发展总体规模、速度与布局；另一方面规定接受拨款和资助的高校必须接受政府的管理和监督，拨款和资助一般都有附加条件，包括明确的政治、教育和社会目标以及招生数量、招生对象、奖学金和贷款政策等方面的明确规定。联邦政府的赞助主要包括三个方面：购买研究与发展（R&D）服务，由此赞助大学的研究能力，以及研究生院层级的训练；填补缺口和达到特别的需求，例如学院图书馆赞助、外国语和领域研究以及健康专业发展；引导几近一半的补助金给学生，而不是给机构，以达到消除个别学生想要就读高中后教育的障碍。

联邦在研究与发展方面和对大学科学方面的支出比在学生方面的补助要早。早在1883年的法规里，就开始赞助农业实验站。但联邦在学术科学方面

---

41 邢克超.共性与个性——国际高等教育改革比较研究.北京：人民教育出版社，2004，82-95.

42 徐小洲编著.自主与制约：高校自主办学政策研究[M].杭州：浙江教育出版社，2007，54.

的大量投资却是在二战中才实现的，并在 1950 年代及 1960 年代持续增加。1940 年联邦研究和开发经费仅为 7400 万美元，到 1960 年上升到 80 亿美元，1965 年又增长到 150 亿美元。整个 80 年代联邦资助大学科研的拨款增长了43.1%。[43]据统计，在 1995 年时，联邦政府赞助大学科学方面的经费高达 130亿美元，成为大学科研经费的最大的来源。1995 年与 1980 年相比，大学的研发经费支出方面，联邦的贡献增加了 50%[44]。

联邦对大学生的补助始于 1944 年的军人再适应法案或称 GI 法案。国会通过 GI 法案，在 1945-1952 年间共花费 135 万美元，奖励在冷战时期有功的退伍军人，以帮助他们迎头赶上未参与战役的同侪。1963 年，联邦政府投资大约 2 亿美元用于一些研究生的奖学金，以及最新设立的"国家教育法案"学生贷款计划。1965 年的高等教育法案，第一次同意联邦致力于补助有需要的学生。30 多年后，联邦政府每年的学生补助金，是 350 亿美元以上。1995/1996年度，联邦为高中后学生提供助学贷款 287 亿美元，奖助学金与工读金 87 亿美元，二项合计占该年度高中后学生各类补助经费的 74%。[45]

德国联邦政府也十分重视通过投资促进各州高等教育发展。直到上世纪六十年代末，德国各州继续单独承担高等教育事业的重建和扩建任务。为减轻各州的财政负担，1969 年对《基本法》进行修改，规定"扩建和新建高等院校，包括高等院校附属医院，是联邦和州的共同任务"。1970-1994 年期间，联邦和各州总共为高等教育基本建设拨款 662.26 亿马克，其中联邦为 298.98亿马克，各州为 363.28 亿马克。"[46]联邦和各州共同努力，为高等院校根据其任务类型、专业方向、数量、规模和地点情况，保证提供足够的、专业及地域均衡的学习和研究岗位，并为此创造基本建设的前提。

---

43 邢克超.共性与个性——国际高等教育改革比较研究.北京：人民教育出版社，2004，6-7.

44 Philip G.Altbach, Robert O. Berdahl, and Patricia J.Gumport 等著.21 世纪美国高等教育——社会、政治、经济的挑战[M].北京：北京师范大学出版社，2005，156-157.

45 Philip G.Altbach, Robert O. Berdahl, and Patricia J.Gumport 等著.21 世纪美国高等教育——社会、政治、经济的挑战[M].北京：北京师范大学出版社，2005，156-157.

46 [德]克里斯托弗·福尔著.1945 年以来的德国教育：概览与问题[].北京：人民教育出版社.2003，54.

苏联解体以后，俄罗斯采取了放权改革，将单一的中央财政预算教育拨款改为财政分级预算支出结构，即教育的拨款在"联邦和地方共同拨款的基础上"进行。一方面，加大了各联邦主体及地方政府的高等教育管理责任。地方政府须拨款维持学校日常运转。另一方面，国家保证每年拨给教育的财政经费不少于国民收入的 10%，并且确保财政拨款绝对数根据通货膨胀率的增长情况不断进行调整，以保证各级财政预算有关项目的支出。俄罗斯联邦高教委员会则保留一定经费控制权，以满足国家在人才培养方面的一些特殊需求，联邦政府会有选择性地拨款给高校，以培养一批特殊的、急需的和短缺的人才。[47]

第三，注意发挥中介组织的作用

为加强对全国高等教育的协调，一些发达国家十分重视发挥学会、协会等中介组织的作用。如美国联邦政府非常善于通过一些官方和民间的中介机构来实施联邦政府的意图，对高等教育运行实行调控和干预。以美国教育协会为例，它是美国高等教育政策最主要的倡导者，其成员包括各类机构。其所关注的多属于全国性政策议题，涉及联邦的经费和控制。其他全国层次的机构组织还包括：美国学院与大学协会、美国社区学院协会、美国州立学院与大学协会等等。这些组织在控制导向的联邦及州政府机构和公私立大学院校之间起着"缓冲器"的作用。

德国战后，按照英国"王室委员会"的榜样，任命了一些特别的教育政策咨询机构，如 1957 年设立的科学委员会，以大量的建议、意见和评鉴对高等教育政策施加影响。科学委员会的任务是，在联邦和各州根据其职权范围制定计划的基础上制定科学促进的总体规划，协调联邦和各州的计划，确定重点和缓急程度。它负责每年提出一个紧急项目计划，并就联邦和州预算中用于科学促进资金的使用问题提出建议。另外，为帮助加强联邦的教育政策，德国联邦议会于 1987 年 12 月设立了一个质询委员会。

法国的大学由研究与高等教育部直接负责，但其管理分别委托给五个理事会，由一个总理事会（高等教育与研究总理事会，简称 DGESR）负责监督。这五个理事会分别是：高等教育理事会主要负责国家分发文凭课程的评定和大学发展规划两方面的职能；高等教育教员理事会；管理与预算服务理事会依据公平拨发财政资源；研究理事会；大学图书馆理事会。法国中央行政部门所采纳

---

47 张男星著.俄罗斯高等教育体制改革[M].长春：吉林教育出版社，2003，53.

的大部分重要决策都是建立在专家的评价和建议基础上。因此，行政人员对高等教育的影响实际上相当微弱：他们的权力非常有限，并且依据专家顾问的建议来做出决策，以此来获得更大的权力[48]。

俄罗斯改革进程中，完善联邦教育体系的一项重要任务是社会团体积极参与教育管理。现行法律为社会团体参与管理创造了必要的法律基础，《教育法》第 2 条提出了教育管理的民主化，提出了国家与社会共管形式是国家政策的一项最重要原则。该条款的精神在《高等教育和大学后职业教育法》第12 条第 15 款中得到了进一步的发展并具体化（第 15 款主要涉及高等教育领域的社会组织和国家、社会联合体之间的关系）。目前参与教育事业的社会机构和组织包括联邦、地区和地方层次的权力机构和部门管理机构设立的不同类型的社会组织（附属于教育管理部门的工作委员会、学校领导委员会、教学法委员会、学习方法委员会以及其他委员会和中心）。这些组织的活动促进了教育管理文化水平的提高，改善了管理机构的管理效果，而且使这些组织的活动呈现出了一些民主化的发展态势[49]。

英国政府负责高等教育的部门是教育与技能部，但英国政府对高等教育的管理是通过中介组织——拨款机构来实现的。1919 年成立的大学拨款委员会是英国政府对大学正式资助中介的管理机构，标志着政府以财政参与的方式对大学进行间接干预的开始。此后，陆续成立了大学校长和副校长委员会、国家技术证书委员会等许多中介机构，以协调和处理政府和大学、大学之间以及大学以外高等教育的各方面事务。这些中介机构在高等教育管理中起了很大的作用。它使中央教育主管部门摆脱了具体事务，集中精力处理高等教育的宏观发展问题。政府与大学之间有了一个缓冲的区间。

印度中央政府对高等教育的规划、指导与管理，主要通过"大学拨款委员会"进行。除此之处，印度还有众多的政府代理机构和社会团体参与高等教育的管理。它们或者通过制订有关规章制度，或者通过设立研究基金，或者通过公布有关信息，在高等教育领域发挥重要的协调作用。如全印技术教育委员会（All Indian Council for Technical Education）作为法定机构对全国技

48 [英]玛丽·亨克尔，布瑞达·里特主编，谷贤林等译，朱旭东校.国家、高等教育与市场[M].北京：教育科学出版社，2005，36-39.

49 朱小蔓，Н.Е.鲍列夫斯卡娅，В.П.鲍利辛柯夫主编.20-21 世纪之交中俄教育改革比较[M].北京：教育科学出版社，2006，58-59.

术教育的发展进行适当的规划与协调，为技术教育系统制定规章；印度农业研究委员会（Indian Council of Agricultural Research）是唯一一个从事农业研究并向各邦农业研究院所和农业大学提供大宗拨款的中央代理机构，其运作模式、组织机构以及与各邦政府的关系与印度大学拨款委员会很类似；印度大学联合会（Association of Indian Universities）是印度各大学自愿参加的社团组织。它为各大学的管理人员和学者提供了一讲坛，使他们能够互相交流看法并讨论共同关心的问题。作为高等教育的一个信息中心，它出版了一些很有价值的论著和研究报告。[50]

3.3 主要启示

从中外高等教育宏观管理体制演变趋势中，可以得出以下几点启示：

3.3.1 高等教育管理中的中央与地方关系要随着高等教育系统内外部环境的变化而加以调整

高等教育管理中的中央与地方关系不是一成不变的，而是要随着社会形势和时代的发展及高等教育系统内外环境的变化而不断加以调整，需做到与时俱进。特别是在社会经历急剧变化之后，更应如此。如我国解放初和"文革"后高等教育管理中的中央与地方关系的调整，法国上世纪六十年代学生运动后高等教育管理体制的改革以及俄罗斯在苏联解体后对高等教育管理体制的改革等，莫不如此。如不及时调整原来的高等教育管理体制，就不能适应新形势的变化。但这种调整必须是经过精心设计的，有条不紊地进行；而不能在准备不充分或时机不成熟的情况下对中央与地方之间权力急剧收放，这样很容易引起高等教育管理的混乱，影响高等教育的健康稳定发展。1958年及"文革"期间的高等教育管理放权导致的乱象就充分说明了这一点。

3.3.2 高等教育管理中的中央与地方关系要以二者合理的分工为前提

中央与地方高等教育管理关系的调整要以二者合理的职能分工为前提，而不是简单的谁举办、谁管理。在"管什么"的问题上必须对中央与省级政

---

50 安双宏.印度政府对高等教育的管理[J].比较教育研究，2006（195），8.

府各自的权责作出明确的界定，否则会引起多头管理，或管理空隙。西方发达国家都是通过立法明确中央与地方的高等教育管理权力，因此，各自职责明确，关系顺畅；而我国长期存在的"条块分割"的高等教育管理体制就存在中央与地方管理职能不清的问题。

3.3.3 高等教育管理中的中央与地方关系的调整要因地制宜

中央与地方高等教育管理权力的调整要因地制宜，区别不同情况，采取多种形式，防止"一刀切"、一哄而起和搞形式主义。对高等教育管理能力强的地方可以适当赋予更多的管理权，对管理能力较弱的地区则可以由中央政府承担更大的管理责任。这方面采取试点的方式是一个较稳妥的办法，通过在某些地区进行放权试点取得成功经验后，再逐步向其它地区推行，可以避免简单放权导致的管理真空状态。

3.3.4 高等教育管理中的中央与地方关系要适合自己的国情

对它国高等教育管理体制不能完全照搬，一定要根据自己的国情和高等教育发展水平，确立合乎实际的高等教育管理体制。上述不同类型国家的高等教育管理体制表明，每个国家高等教育管理体制都是建立在自己政治经济文化传统基础之上，不同的国情决定了不同的高等教育管理模式。一味照搬只会损害自己的高等教育传统，脱离当时的实际，因而不利于高等教育的健康发展。

3.3.5 高等教育管理中的中央与地方关系的调整要运用非直接行政干预的手段

高等教育管理中的中央与地方关系的调整一方面要注意运用法律调节的手段，利用法律规范中央与地方政府在高等教育管理上的关系和推行各项政策。另一方面要注意运用经费资助手段调节全国高等教育的发展。如资助基础科学研究、为贫困学生提供奖助学金、对边远落后地区高等教育给予转移支付等。以此促进高等教育的均衡发展，实现国家各方面发展目标。同时，中央政府要善于发挥中介组织作为政府与高校之间"缓冲器"的作用，依托第三方力量履行部分监管职能和服务、协调功能，提高政府决策的效率和科学性。

4 新时期高等教育管理中的中央与地方关系（1985-2000 年）

进入上世纪八十年代中期，随着我国政治经济体制改革的全面展开，高等教育管理体制改革开始进入议事日程。1985 年 5 月，中共中央颁布的《关于教育体制改革的决定》明确规定，高等教育实行中央、省（自治区、直辖市）、中心城市三级办学的体制。1986 年国务院发布了《高等教育管理职责暂行规定》，比较明确地划分了中央和地方、政府和高校的权责关系，扩大了国家教委的宏观管理职能，加大了省级政府的高等教育管理职责。这一法规性文件和上述《决定》成为了此后相当长时期内我国高等教育管理体制改革的重要指南。在这两个重要文件精神的指导下，我国高等教育管理体制改革取得了一定成绩。但由于当时经济、政治、科技等体制改革尚未深入发展，高等教育管理体制的不适应状况不十分突出。

至九十年代初，邓小平南巡讲话后，市场经济体制改革进程的加快，以扩大省级政府高等教育统筹、决策权为目标的高等教育管理体制改革成为高等教育改革的主要内容和重要目标。1993 年 1 月国务院批转《国家教委关于加快改革和积极发展普通高等教育意见的通知》，提出"逐步实行中央与省（自治区、直辖市）两级管理、两级负责为主的管理体制。……在中央与地方的关系上，中央管理部门要简政放权，加强地方政府的管理职能，中央主要负责大政方针、宏观规划和监督检查，对地方所属高等学校的具体政策、制度、计划的制定和实施以及对学校的领导和管理，责任和权力均交给地方，进一步加强省、自治区、直辖市对设在本地区的国务院各部门所属高等学校的协调作用"。[1]同年 2 月，中共中央、国务院颁布了《中国教育改革和发展纲要》，在中央与地方关系上，进一步明确了要"扩大省（自治区、直辖市）的教育决策权和包括对中央部门所属学校的统筹权"。从此开始了全社会极为关注、影响深远的高等教育管理体制改革。

4.1 变革背景分析

对上世纪八十年代中期开始的以加强省级政府对区域内高等教育的统筹决策权为目标的高等教育管理体制改革的背景进行分析，主要有以下几个方面：

4.1.1 区域经济发展的需要

上世纪八十年代开始的经济体制改革，特别是"允许一部分地区先富起来"的梯度发展战略的实施，推动了我国区域经济的发展。区域经济的发展需要有相应的高等教育系统与之配合，为其提供智力支撑。高等教育的科类结构、布局结构、有形及无形资源的分布等直接影响人才培养的规格、质量、水平，影响区域产业结构的布局，影响区域的技术创新能力，成为区域经济实现梯度转移的关键。而我国原有的高等教育布局和管理模式，不能适应各地经济快速发展的需要。

为回应这一挑战，各省（直辖市、自治区）将大力发展高等教育摆在极其重要的位置，相继提出了"科教兴省（市、区）"发展战略，要求区域内高等教育为当地经济社会发展服务，实现高等教育区域化。如此以来，原来"条块分割"的高等教育管理体制显得极不适应，加大省级政府对区域内高等教育统筹、决策权的呼声日益高涨。这种情形在经济较为发达、部委属高校较为集中的沿海省份体现得较为明显。

如广东省为适应珠三角地区经济快速发展，在上世纪八十年代建立起了一批地方高等学校，如汕头大学、深圳大学、广州大学、五邑大学、佛山大学、韶关大学、嘉应大学、西江大学等；九十年代初，广东省在高校内部管理体制改革、调整高校布局和专业设置、推动招生和分配制度改革、扩大办学自主权、共建重点高校实行联合办学等方面，进行了不同程度的探索。继中山大学、华南理工大学由原国家教委与广东共建后，卫生部、农业部、外

---

1 国家教委高教司编.加快改革和积极发展高等教育——1992 年全国普通高等教育工作会议文件汇编.北京：兵器工业出版社，1993，39

经贸部也分别与广东共建部门在粤所属院校。同时广东率先加快高等教育改革试点步伐。1993年，原国家教委批准广东省高等教育改革的试点方案，决定进一步扩大广东办学自主权，同意广东省在高等专科学校的设置调整，确定招生计划、硕士学位授予点，自学考试开设专业的审批等方面拥有更大的自主权[2]。

上海市也提出了建立高等教育改革实验区的要求，其内涵是，让上海有更多的对全市各类高等学校的统筹权限，包括加强上海市地方政府管理职能和允许上海特事特办，进行高等教育改革的各种探索[3]。同时在高等教育改革与发展实践中，体现了对高等教育的统筹思想，诸如协调部委属院校招生计划，吸收部委属院校参加重点工业项目的攻关，发挥部委属院校在大学后继续教育中的作用，将为上海服务的研究机构，"上海应用数学咨询开发中心"、"上海防灾、救灾研究所"等机构设在部委院校内，有的部属大学成为上海建设的思想库、信息中心和交流窗口[4]。到1994年，全国有27所中央部委所属高等学校实行省部共建共管，其中国家教委所属学校有19所[5]。一批地方院校在此背景下陆续成立。

4.1.2 优化高等教育资源配置的内在要求

建国以来，我国高等教育资源配置一直是在计划经济的制度环境下，由政府集中配置，从招生计划安排、经费预算到毕业生分配，均由中央政府统一安排，地方政府管理权力有限。到上世纪八十年代中期以后，我国开始转向以市场为导向的经济体制改革，开始实行以分散决策为特征的市场配置资源方式。与计划经济体制"大一统"要求不同，市场经济的最大特征和优势恰恰在于分散的决策机制。在不同地域生存并具有不同偏好需求的市场主体，并不需要经过综合概括出的具有普遍意义的管理指令。成熟的统一市场首先以政府权力分层、职能分解、功能分散的框架为前提。这些特征使得高等教育资源在区域间的交流成为地方政府统筹经济与社会发展的最有利、最有效的资源配置杠杆。高等教育管理上的分层、分权与分散特征是市场经济

2　国家教委批准广东高教改革试点方案[N].人民日报（京），1993-5-28（4）.

3　上海将建高教改革试验区.人民日报（京），1993-2-12（3）.

4　余立.省级政府对高等教育统筹决策权的理论与实践[J].江苏高教，1993，5，10-11.

5　朱开轩.积极推进高等教育体制改革[A].国家教育委员会高等教育司.积极推进高等教育体制改[C].中国铁道出版社，1995，23.

走向成熟的主要标志，也是高等教育资源配置在区域之间实现有效竞争的充分条件，更是高等学校微观组织更真实客观善待自己并确立组织发展相对目标的前提。[6]在此背景下，高等教育资源增量以过去从没有的内容、形式、性质和发展趋势形成了转型期一种新的高等教育资源配置的制度安排。地方政府在高等教育发展中的作用日益凸现。在地方院校的设置、计划外招生安排、毕业生分配、合作办学等方面，地方政府有了更大的发言权。

4.1.3　财政分权化改革的要求

"教育体制是与财政体制紧密相关的，财政体制是教育的重要的外部制度环境，是教育体制的约束条件之一"。[7]为促进经济发展，自上世纪八十年代初起，我国开展了以"放权让利"为核心的财政分权化改革。先是1980年在中央与地方的预算管理方面实行"分灶吃饭"的财政管理体制，到1988年演变为"包干"的财政体制，直至1994年实行分税制改革。通过一系列改革，中央政府和地方政府的收入和支出逐步明确，形成了中国特色的财政联邦。在财政分权化改革过程中，我国中央政府的财政能力一度逐渐下降，中央政府的财政收入在总财政收入中占的比例逐渐下降，从1984年开始，中央财政收入占全部财政收入的比例逐年下降，由40.51%到1992年的28.12%，到1993年下降为22%，[8]经过1994年的分税制改革之后，这一比例才开始逐步提高。

为了适应财政分权化改革，高等教育的办学责任必须重新划分，"在财政收入下降时，转轨国家的中央政府却面临着维持或者扩大财政开支的政治压力，因此，它们已经将一些开支方面的一些责任下放到地方政府中，其结果是，地方政府承担了大量且不断增长的公共开支，其中包括教育、卫生和社会福利等服务的开支"。[9]正是在此背景下，中央政府开始启动了以"下放、共建"等为手段的高等教育管理体制改革，将一批中央部属院校下放有关省市或与当地实行部省（市）共建，减轻了中央政府的财政压力。到1996年，

6　康宁著.中国经济转型中高等教育资源配置的制度创新[M].北京：教育科学出版社，2005，338、351.

7　曹椒江著.教育制度和教育组织的经济学分析[M].北京师范大学出版社，2004，205.

8　吴敬琏.当代中国经济改革[M].上海：上海远东出版社，2004，257.

9　世界银行.1998/1999世界发展报告：知识与发展[R].北京：中国财经出版社，1999，50.

实行共建的高校共有 56 所，其中国家教委所属高校 27 所，其他部委所属高校 29 所。部委所属高校转由省市管理的有 7 所。同时，随着地方财力的增加，一些经济发达省市也有积极性承担发展高等教育的责任。

总之，在新体制下，中央财政更关注宏观调控和发挥促进教育均衡及教育公平的功能。发展地方高等教育的责任主要由地方政府承担，地方高等教育的发展与地方经济社会关系更为密切，因此调动了地方政府举办高等教育的积极性，使得地方政府能够更好地根据本地区社会经济发展对人才的需求，适当调整本地区的教育投资结构，促进高等教育的发展。20 世纪 80 年代初以来，我国地方高等院校的数目有了明显增长，就是这种扩大地方自主权的改革所带来的成果。[10]据统计，1980-1988 年间，全国普通高校从 675 所增加到 1075 所，其中 67.3%的高校是地方举办的。[11]九十年代初，广东、江苏、浙江等省又相继办起了一批地方院校。

4.1.4 行政管理体制改革的推动

上世纪 80 年代以来，随着经济体制改革的深入，中国政府自身也经历了一个不断改革的过程。80 年代，政府改革主要围绕"集权与分权"的话题而展开。基于对传统集权模式的深切反思，"分权让利"被设定为政府改革的主题。《中共中央关于教育体制改革的决定》关于"高等教育实行中央、省（自治区、直辖市）、中心城市三级办学的体制"的决定及随后颁布的《高等教育管理职责暂行规定》关于国家教委、国务院有关部门及省级政府高等教育管理职责的划分就是在这一背景下实行的。经过改革，一些部委被撤并，有的部委转变为企业。因此，各部委的办学经费日益紧张，其原因是：第一，政府对各部委的经营性投资由拨款改为贷款；第二，部门的非经营性投资（如高校的基建投资）大幅度减少，从 1985 年开始逐年下降，各部门平均下降达 30%；第三，由于政企分开，企业成为自主经营的经济实体，政府原则上实行"四管"（管方针、规划、监督和服务）和"三不管"（不管人、财和物）。因此，到 1990 年，中央 37 个部委对其所属高校的投资额与 1986 年相比，平均下降了 26.6%，其中有 1/3 的部委下降幅度达 50%以上，如 1989 年比 1988

---

10 邓婭.市场经济发展与高等教育财政体制改革[J].高等教育研究，2002，（23）4，52.

11 康宁著.中国经济转型中高等教育资源配置的制度创新[M].北京：教育科学出版社，2005，157.

年下降了 10%，1990 年又比 1989 年下降了 30%。整个"八五"期间，中央各业务部门平均教育投资额只相当于"七五"投资完成额的 75.9%。[12]

90 年代，国家与社会、政府与市场的关系的讨论，将政府改革的话题引向有关"大政府与小政府"的讨论，"小政府"模式被一度看好，精简机构成为改革的主要内容。[13]部门办学变得更为困难。据国家教育发展研究中心1993 年对 36 个部门（共有直属高校 281 所）的调查发现，有 18 个部门对所属高校投资非常困难，如有色金属工业总公司高等教育基建投资 1993 年比1992 年减少 2000 万，只有 1992 年基建总数的 45.7%。同时，中央各业务主管部门再也无力给教育拨付补助费了。国家体委、国家贸易部、水利部、机械部等部委 1993 年的教育补助费均为零。另有 11 个部门勉强能够维持，对高等学校基建投资还能保证并有一定数额专项补助的部门只有 7 个。[14]

1998 年，国务院撤销了 9 个部委，正如李岚清同志所言："'皮之不存，毛将焉附'，部门没有了院校怎么办？"。[15]为解决部属高校过多带来的管理成本和信息问题，国务院决定将原属于被撤销的 9 个部委的 93 所普通高等学校和 72 所成人高等学校进行调整，将其中的 81 所下放给了地方。[16]加大了地方政府高等教育管理责任。

4.1.5 高教系统内部改革的诉求

1984 年 10 月，党的十二届三中全会通过《关于经济体制改革的决定》后，科技体制和教育体制的改革越来越成为迫切的战略任务。在这个时期，教育系统特别是高教系统内部要求进行教育体制改革的呼声也越来越强烈。1984年 5 月 19 日，复旦大学名誉校长苏步青教授在《光明日报》上发表谈话，呼吁改革，他说，高等教育"现在是不改革就没有出路，就不能适应社会的需要。所谓改革，就是革其弊端，适应四化的需要和时代的潮流"。[17]当时高等教育体制突出的弊端就是，"在教育事业管理权限上，政府对学校、特别是

---

12 国家教育发展研究中心.中央业务部门所属高等学校管理体制改革的初步研究报告[R].1992.

13 燕继荣.近 10 年来国务服务型政府研究综述[J].新华文摘，2009，8，151.

14 国家教育发展研究中心.中央业务部门所属高等学校管理体制改革的调查报告[R].1993.

15 李岚清.李岚清教育访谈录[M].北京：人民教育出版社，2003，96.

16 李岚清.李岚清教育访谈录[M].北京：人民教育出版社，2003，92.

17 郝维谦，龙正中主编.高等教育史.海口：海南出版社，2002，400.

高等学校统得过死，使学校缺乏应有的活力，而政府应该加以管理的事情，又没有很好地管起来"。[18]这一点在时任教育部长何东昌在在全国教育工作会议上所作的"关于教育体制改革决定的几点说明"的讲话中得到印证。他指出，"我国现行的教育管理体制，从宏观上说，主要是中央同地方的关系、政府主管部门同学校的关系没有处理好。在教育事业管理权限的划分上，中央有关部门对一些具体事务集中过多，不利于地方积极性的发挥……。另一方面，一些本来属于国家职能范围，应该由国家加以指导、调节和管理的事情，又没有很好地管起来。"

为此，中央决定加强对教育体制改革工作的指导和领导，一方面成立"国家教育委员会"（简称"国家教委"），负责掌握教育的大政方针，统筹整个教育事业的发展，协调各部门有关教育的工作，统一部署和指导教育体制的改革。另一方面，决定"改革管理体制，在加强宏观管理的同时，坚决实行简政放权，扩大学校的办学自主权"。在办学体制改革上，"实行中央、省（自治区、直辖市）、中心城市三级办学的体制"，一批地方院校在此背景下举办起来；在管理上，将合作办学审批权、计划外招生、收费权等下放给省级政府，以适应高校面向社会自主办学的需要，因此，省级政府高等教育管理的权力逐步得到加强。

4.1.6 世界高等教育地方化趋势

所谓高等教育地方化的趋势，就是随着经济发展水平和人们普遍受教育水平的提高，高等教育办学和管理逐步下移的趋势，即由"中央—省—地方"下移的趋势。高等教育地方化趋势与世界经济社会发展的地方化、区域化密切相关。世界银行 1999 年 9 月 5 日发表的《1999-2000 年世界发展报告：跨入 21 世纪》认为，以地方化即国家的各城市、省等为主体的经济和政治力量不断增大，将成为 21 世纪最重要的发展趋势。经济社会发展的这种地方化、区域化的趋势，使世界高等教育出现了地方化趋势，因为地方经济社会发展，需要教育的有力支持，"地方和区域的连续发展只有依靠那些有机地与他们的家乡和区域联系在一起的当地大学来创造"[19]。

---

18 郝维谦，龙正中主编.高等教育史.海口：海南出版社，2002，402.

19 [波兰]克日斯多夫·帕洛斯基著.地方和区域发展的创造者：第四代大学[J].国际高等教育研究，2010，（1）：45.

有研究指出，"决定区域发展最重要的五个因素，即个人创业、公司创新、居民教育、科学研究、知识技术转化，在这之中，四个因素主要由坐落于或服务于当地的高等教育和研究机构的质量所决定"[20]。美国加利福尼亚大学伯克利分校原校长田长霖教授曾论述过区域经济的发展和高等学校的关系。他说，"美国这么强大，但真正有实力、繁华的就是几个地区，旧金山湾区、洛杉矶、波士顿等几个地方带动整个美国经济的发展。全美国 1/3 的创新企业在只有 170 万人口的旧金山湾区。而旧金山湾区之所以成功，重要原因就是有斯坦福大学、加州大学伯克利分校等世界级的高等学府。"[21]

高等教育地方化必然要求加强地方政府对高等教育的统筹决策权。就我国目前市场经济发展水平而论，应强调加强省级政府的统筹决策权，但随着我国社会经济的发展，当我国进入中等发达国家水平之后，就可以强调中心城市的参与办学和管理了。

总之，加强省级政府对高等教育统筹决策权是适应我国经济社会转型的迫切需要，也是高等教育区域化、地方化的必然要求。因为，"在高等教育与区域良性互动关系的形成中，地方政府的参与、协调、支持至关重要，而地方政府对高等教育投资的大小以及支持、服务的程度在很大程度上取决于其对高等教育管理权责的大小"[22]，中央政府与地方政府管理高等教育权责的划分，直接影响高等教育与区域的互动发展。

4.2 变革的主要内容

上世纪八十年代开始的高等教育管理体制改革，经历了一个中央与地方管理职责不断调整、省级人民政府高等教育管理职责逐步扩大、且法制化的过程。高等教育管理体制改革从八十年代末开始启动，到世纪之交基本结束，前后经历十余年时间。以下从不同时期出台的高等教育管理体制改革的规范性文本和开展的改革实践两方面，对高等教育管理体制改革过程中中央与地方关系的变化的主要内容进行阐述。

20 [波兰]克日斯多夫·帕洛斯基著.地方和区域发展的创造者：第四代大学[J].国际高等教育研究，2010，（1）：45.

21 帅相志主编.市场经济与中国高等教育体制改革[M].济南：山东人民出版社，2005，87.

22 蒲蕊.高等教育与区域互动中政府的角色和作用[M].武汉大学学报（哲学社会科学版），2007，3.

4.2.1 扩大省级政府高等教育管理权力的初步尝试
（1985-1992）

1985 年 5 月，中共中央颁布的《关于教育体制改革的决定》从两方面调整了中央与地方的高等教育管理职能，一是加强了国家教育主管部门对高等教育的宏观管理和指导；二是加大了地方对发展包括高等教育在内的教育事业的权力和责任。

根据《决定》精神，国务院于 1986 年 3 月 12 日发布了《高等教育管理职责暂行规定》，对在管理高等教育方面，国家教委、国务院有关部委、省级人民政府各自的主要职责和扩大高等学校管理权限做了规定。其中规定，国家教委在国务院的领导下，主管全国高等教育工作，并负有"贯彻执行党和国家有关高等教育的方针政策，法律和行政法规，制定高等教育工作的具体政策和规章"等十二项主要职责；国务院有关部门在国家教委指导下，管理其直属高等学校，并负有九项主要职责；省、自治区、直辖市人民政府管理本地区内的高等学校，并负有：指导、检查区域内高等学校对党和国家高等教育方针政策、法律和法规的贯彻执行；对本地区专门人才需求进行预测，编制省管高校的发展规划、年度招生计划，领导招生和毕业生分配工作；对省管高校的基建投资、统配物资设备、事业经费预算进行分配和审核；指导省管高校的思想政治工作、教学工作、科学研究工作和总务工作，任免学校主要负责人；组织区域内高等学校的校际协作和经验交流，并开展教育质量的检查和评估；组织区域内高校面向社会办学和跨地区、跨部门联合办学；管理区域内成人高等教育等七项主要职责。《暂行规定》较以前加大了国家教委宏观管理和调控的职能，扩大了省级人民政府对本地区内高等学校的管理职责。

《决定》的公布和《暂行规定》的发布，在全国引起很大反响，特别是各省、自治区、直辖市党委和政府及教育行政部门，积极开展学习讨论和调查研究，在此基础上制定本地区贯彻《决定》和《暂行规定》的方案和措施，加强了对本地区内高等学校的管理。例如，广东省积极完善三级办学体制，到 1986 年底，复办、合办、新办了 17 所普通高校。其中，本科院校 5 所，专科学校 12 所。在建设这些大学的过程中，获各市（地）政府投资 2.41 亿元（不包括现成的校舍资产和校园征地费）。浙江省作出规定，凡是面向全省、省直接办的高校由省人民政府领导，省教委直接管理；面向市（地）的高等师范学校实行省、市（地）双重领导，以市（地）为主管理。面向市（地）、由市（地）办的高等专科学校，由市（地）领导管理。[23]高等教育管理体制改革极大地调动了地方政府举办高等教育的积极性，促进了各地高等教育事业的发展。

伴随着这一时期高等教育管理体制改革，跨部门跨地区的联合办学开始成为可能。校际之间封闭的围墙被打破，各高校有限的资源得到充分合理的利用。如江苏地方高等学校和中央有关部门及本省有关地区实行联合办学，南京师范大学、南京医学院、江苏水利工程专科学校等 12 所省属高等学校，同石油部、石化总公司、煤炭部、商业部、纺织部、农牧渔业部、水利电力部等中央 7 个部委，并和本省的徐州、盐城等部分市县及建材、水产等有关部门实行联合办学、委托代培人才。1986 年江苏地方高校采取这种形式招收学生 2451 人，占全省地方高校当年招生数的 11%；联合培养的学生在校生已达 8600 余人，占省属高校在校生总数的 13.2%，为高等教育的发展开辟了一条面向社会、广开财源的新渠道。[24]但由于这一时期的高等教育管理体制改革是在不改变高等学校投资体制和学校隶属关系的情况下进行的，虽然取得了一定成绩，但没有取得突破性的进展。

4.2.2 强化省级政府对高等教育统筹管理改革的逐步深化（1992-1998）

1993 年 1 月，国务院转发的《国家教委关于加快改革和积极发展普通高等教育的意见》提出，(1) 充分发挥各地区的积极性，各地在国家统筹规划指导下，根据实际情况分别确定各自的发展目标和重点。(2) 改革原有的国家集中计划和政府直接管理的办学体制，逐步建立和完善国家统筹规划和宏观管理、学校面向社会自主办学的新体制。(3) 逐步实行中央与省（自治区、直辖市）两级管理、两级负责为主的管理体制。国务院各部门重点管理好直接关系国家经济、社会发展全局并在高等教育中起示范作用的骨干学校和行业性强、地方不便管理的学校。"在中央与地方的关系上，中央管理部门要简政放权，加强地方政府的管理职能，中央主要负责大政方针、宏观规划和监督检查，对地方所属高等学校的具体政策、制度、计划的制定和实施以及对学校的领导和管理，责任和权力均交给地方，进一步加强省、自治区、直辖市

---

23 郝维谦，龙正中主编.高等教育史[M].海口：海南出版社，2002，407.
23 郝维谦，龙正中主编.高等教育史[M].海口：海南出版社，2002，407.
24 郝维谦，龙正中主编.高等教育史[M].海口：海南出版社，2002，412.

对设在本地区的国务院各部门所属高等学校的协调作用"。[25] "随着国务院各部门职能的转变和直属企业的下放，对部门所属高等学校的办学体制和管理体制，要区别不同情况，采取继续由中央部门办、中央部门与地方政府联合办、下放给地方办、企业集团参与管理等办法，进行改革试点"。[26] 《意见》首次明确了逐步实行中央与省（自治区、直辖市）两级管理、两级负责为主的管理体制，强调进一步加强省、自治区、直辖市对设在本地区的国务院各部门所属高等学校的协调作用。

1993 年 2 月 13 日，中共中央、国务院颁布了《中国教育改革和发展纲要》进一步重申并发挥了《意见》相关内容。提出，(1) 要采取综合配套、分步推进的方针，加快步伐，改革包得过多、统得过死的体制，初步建立起与社会主义市场经济体制和政治体制、科技体制改革相适应的教育新体制。(2) 在现阶段，高等教育要逐步形成以中央、省（自治区、直辖市）两级政府办学为主、社会各界参与办学的新格局。(3) 在中央与地方的关系上，进一步确立中央与省（自治区、直辖市）分级管理、分级负责的教育管理体制。……中央要进一步简政放权，扩大省（自治区、直辖市）的教育决策权和包括对中央部门所属学校的统筹权。省（自治区、直辖市）在充分论证、严格审议程序，自行解决办学经费，以及统筹中央和地方所属高校毕业生就业去向的条件下，有权决定地方高等学校招生规模和专业设置。[27]

1994 年 7 月，国务院颁发的《关于〈中国教育改革和发展纲要〉的实施意见》进一步提出，"高等教育逐步实行中央和省、自治区、直辖市两级管理，以省级政府为主的体制。逐步扩大省级政府的教育决策权和统筹权：第一，随着中央业务部门管理的部分高等学校转由省级政府管理或实行联合办学，省级政府应对这些学校连同省属高校，进行统筹，合理布局，对学校和专业设置在自愿和充分协商的基础上进行必要的调整。第二，有条件的、经济发展程度较高地区的中心城市办学，由中央和省两级政府统筹。第三，现阶段仍由国家教委审批高等学校的设置，同时，积极做好高等专科学校和高

25 国家教委高教司编.加快改革和积极发展高等教育——1992 年全国普通高等教育工作会议文件汇编.北京：兵器工业出版社，1993，38

26 康宁.中国经济转型中高等教育资源配置的制度创新[J].北京：教育科学出版社，2005，377.

27 康宁.中国经济转型中高等教育资源配置的制度创新[J].北京：教育科学出版社，2005，378-379.

等职业学校审批权下放的试点工作。"[28]

上述文件的发布，进一步明确了高等教育管理体制改革的目标和思路，加速了改革的进程。这一时期，以共建和高校间开展合作办学为主要形式的高教管理体制改革取得了突破性进展。省级政府相对于中央在高等教育管理中的地位和作用逐步得到突显。

1993 年，广东省人民政府与国教委共同建设中山大学和华南理工大学，起了带头示范作用。1994 年在上海召开了全国高等教育体制改革座谈会。会上提出，当前要以推动各种形式的联合办学和调整高校布局为主推动管理体制改革，并总结出了共建、合作办学、合并、中央部委院校转由地方政府管理以及企业和科研单位参与高校的管理等五种改革形式。会后，高校体制改革更趋活跃。到 1994 年底全国有 23 所高校实行了"共建"，其中国家教委属高校有 10 所。

1995 年 11 月，在南昌召开了全国高教管理体制改革（共建、合并）座谈会，进一步推动了管理体制改革的深入发展。到 1995 年底，全国已有 40 所中央部委属高校实行了"共建"，有 120 多所高校开展了多种形式的合作办学，有 70 多所学校合并成 28 所，有 5 所部委所属高校划转由地方管理。[29]

1996 年 8 月在北戴河召开的高等教育管理体制改革工作座谈会上进一步形成了"共建、调整、合作、合并"高教管理体制改革的八字方针。在"八字方针"指导下，长期条块分割的管理体制开始打破，逐步走向条块结合，高等教育的结构、布局在全国或地区范围逐步趋向合理。

4.2.3 "以省管为主"高等教育管理体制改革全面推进 （1998-2000）

1998 年 1 月，教育部在扬州召开了高等教育体制改革会议，总结了前一阶段改革的经验，全面部署了下一阶段改革的任务，对于高教管理体制改革加大力度，加快步伐，全面推进起了重要的促进作用。

1998 年 8 月 29 日，第九届全国人大常委第四次会议通过了《中华人民共和国高等教育法》，并决定自 1999 年 1 月 1 日起实施。关于中央与地方高等教育管理职责问题，《高等教育法》第七条明确提出了推进高等教育管理体制

---

28 康宁.中国经济转型中高等教育资源配置的制度创新[J].北京：教育科学出版社，2005，381.

29 郝维谦，龙正中主编.高等教育史[M].海口：海南出版社，2002，529.

改革的任务和目标要求。第十三、十四条明确了高等教育管理体制改革的原则和方向。其中规定，"国务院统一领导和管理全国高等教育事业。""省、自治区、直辖市人民政府统筹协调本行政区域内的高等教育事业，管理主要为地方培养人才和国务院授权管理的高等学校。""国务院教育行政部门主管全国高等教育工作，管理由国务院确定的主要为全国培养人才的高等学校。国务院其他部门在国务院规定的职责范围内，负责有关的高等教育工作。"首次从法律上明确了中央与省级人民政府在高等教育管理上的职责，以法律形式固化了前一时期高等教育管理体制改革的成果。

1999 年 5 月，教育部发布的《关于实施〈中华人民共和国高等教育法〉若干问题的意见》提出，要按照"共建、调整、合作、合并"的改革方针，加大力度，加快步伐，积极推进高等教育管理体制改革，争取到 21 世纪初基本形成国务院和省级政府两级管理，分工负责，在国家宏观政策指导下，以省级政府统筹管理为主，学校面向社会依法自主办学的新体制。

1999 年 6 月 13 日，中共中央、国务院颁布了《关于深化教育体制改革全面推进素质教育的决定》。《决定》强调，今后 3 年，继续按照"共建、调整、合作、合并"的方式，基本完成高等教育管理体制和布局结构的调整，形成中央和省级人民政府两级管理、以省级人民政府管理为主的新体制。经国务院授权，把发展高等职业教育和大部分高等专科教育的权力以及责任交给省级人民政府。省级人民政府依法管理职业技术学院（或职业学院）和高等专科学校。高等职业教育（包括高等专科学校）的招生计划改由省级人民政府制定，其招生考试事宜由省级人民政府自行确定。

伴随着上述法规和文件的出台，以 1998 年开展的国务院机构改革为契机，高教管理体制改革的步伐大大加快，高教管理体制改革进入一个新阶段。1998 年实施了对国务院 9 个撤并部门所属 165 所高等学校管理体制的调整。1999 年 3 月，国务院办公厅转发了教育部等部门《关于调整五个军工总公司所属学校管理体制实施意见》，决定对五个军工总公司直属的 25 所普通高校实行中央与地方共建。2000 年 2 月，国务院办公厅转发了教育部等部门《关于调整国务院部门（单位）所属学校管理体制和布局结构实施意见》，规定：对除教育部、外交部、国防科工委等 12 个部门继续管理其所属学校外，国务院其它部门和单位所属 161 所普通高校中 97 所实行中央与地方共建、以地方管理为主，并由地方统筹进行必要的布局结构调整。55 所成人高校由部门（单位）管理转为地方管理。[30]

至此，大规模的高等学校布局结构调整基本告一段落。到 2000 年底，全国已有 31 个省市区、50 多个部委参与了改革，涉及高校 648 所。"合并、共建、划转、合作"等形式的高等教育管理体制改革取得了重要进展。《中国教育改革和发展纲要》提出的高等教育管理体制改革任务基本完成。

经过改革，全国普通高校数量从 1994 年最多时的 1080 所减少到 1022 所，减少了 58 所；成人高等学校已从 1990 年最多的 1321 所，减少到 960 所，减少了 361 所。[31]其中大部分高校为省级人民政府管理，"中央和省级人民政府两级管理、以省级人民政府管理为主的新体制"基本形成。

表 3：我国普通高校中央和地方结构变化情况

年　份	总校数（所）	其中：地方高校（所）	地方高校比例（%）	总在校生数（人）	其中：地方高校（人）	地方高校比例（%）
1990	1075	721	67.07	20626695	1160400	56.3
1995	1054	696	66.03	2906429	1634989	56.3
2001	1225	1114	90.94	7190658	5910617	82.2
2002	1396	1154	82.66	9033631	6385000	70.68

资料来源：历年中国教育事业统计年年鉴。

4.3 运行情况（2000- ）

2000 年以来，"两级管理、以省管为主"高等教育管理体制在实践中逐步得以实施，从问卷调查情况来看（见表 4）[32]，总体运行情况呈良性发展趋势，改革取得了明显进展，基本实现了当初改革目标。据统计，认为"两级管理、以省管为主"高等教育管理体制实现情况"比较好"的，占受调查者的 60.00%；认为近十年我国高等教育管理体制改革取得的进展"比较明显"和"明显"的占 76%；受调查者对"我国高等教育管理体制改革目标在当地

---

30 康宁.中国经济转型中高等教育资源配置的制度创新[J].北京：教育科学出版社，2005，396.

31 郝维谦，龙正中主编.高等教育史[M].海口：海南出版社，2002，530.

32 问卷通过电子邮件和函件方式发放全国 31 个省（直辖市、自治区）教育厅（或教委）高等教育主管部门（高教处、科技处和学位办），实际回收 26 份，其中高教处 14 份，高教处（学位办）3 份；科技处 1 份，科技处（学位办）4 份；学位办 4 份。

实现情况"问题的回答，也显示了较高的认同度，有 15 人（60.00%）认为"比较好"，3 人认为"好"，5 人认为"很好"，认为"不好"的只有 2 人。

表 4：新高等教育管理体制运行情况问卷数据统计

题号	题　目	回答结果				
		A	B	C	D	E
1	新体制改革目标实现情况	很好（5）	好（3）	比较好（15）	不好（3）	
2	近十年新体制改革取得的进展	非常明显（4）	明显（11）	比较明显（8）	不明显（3）	
3	当前新体制运行中存在的主要问题是	中央权力下放不够（17）	省级统筹权力不够（5）	省级统筹能力不够（3）	省级统筹资源不够（11）	
4	影响新体制运行的主要因素是	两级管理职责不清（7）	中央对高校直接管理过多（14）	省级统筹能力不够（4）	省级统筹资源缺乏（12）	
5	加大省级政府统筹力度需要：	从法律上明确两级权责（16）	减少直属高校数量（3）	强化省级统筹能力（14）	加大财政转移支付（16）	
6	中央政府高教管理职责应是：	制定方针（24）	制订标准（18）	编制规划（22）	发布信息（17）	
7	省级政府高教管理职责应是：	贯彻方针（22）	编制规划（23）	筹措经费（21）	质量监控（21）	优化环境（17）
8	中央政府对高等教育管理的突出问题是：	直接管理过多（17）	对直属高校支持多（22）	划一管理较多（22）	政策随意性太强（6）	
9	省级政府对高等教育管理的主要问题是：	微观管理较多（15）	管理能力较弱（8）	部门协调不够（19）	管理方式陈旧（14）	经费不足
10	省级政府对部属院校的统筹情况	好（2）	较好（4）	一般（10）	不好（3）	说不清（3）
11	影响省级政府对部属高校统筹管理的主要因素是：	中央与省级政府分工不明确（11）	部属高校不愿接受领导（7）	地方没有能力领导（3）	地方不愿给予同等待遇（4）	
12	对中介组织参与高等教育管理的看法是：	很有必要（12）	没有必要	可以部分参与（15）	说不清	

注：表中数字为选择该项人数。

但不同地域和各省高等教育不同业务管理部门之间对上述问题认识有较大差异。

从地域来说，北京、天津两个直辖市认为高等教育管理体制改革目标在当地实现情况"很好"，近十年我国高等教育管理体制改革取得的进展"非常明显"和"明显"。这或许同这两市高等教育发达、高等教育资源较丰富、对高等教育统筹决策能力较强有关。

从高等教育不同业务管理部门的认知情况来看，科研管理部门对高等教育管理体制改革认同度最高，已回收的 4 份来自科研管理部门的问卷，有 3 份认为高等教育管理体制改革目标在当地实现情况"很好"，1 份认为"好"。同样，有 3 份认为近十年我国高等教育管理体制改革取得的进展"非常明显"，1 份认为"明显"。而来自省学位管理部门的评价则较负面，已回收的 4 份问卷，有 2 份认为高等教育管理体制改革目标在当地实现情况"不好"，有 2 份认为"比较好"。对近十年我国高等教育管理体制改革取得的进展，有 3 人认为"比较明显"，有 1 人认为"明显"。这或许是由于教育部对各省科研管理工作干预较少，而国务院学位管理部门则对学位授权审核实施严格控制有关。这从问卷第 13 题关于"对中央政府亟需下放给省级政府的高等教育管理权力"的列举事项中得到了印证[33]，13 份答卷有 9 份（69.23%）列举了应下放"学位授予单位审核及学位点增设审批权"。

具体来说，高等教育新管理体制改革取得的进展表现在以下几方面：

4.3.1 中央政府宏观管理得到改善

1、注重宏观管理

一是注意高等教育发展战略规划的制定。2004 年 2 月 10 日教育部颁发了《2003-2007 年教育振兴行动计划》，对本世纪初我国高等教育发展的一系列重要问题进行了安排；2008 年又开始着手制订我国中长期教育改革与发展纲要，对我国未来 5-10 年的高等教育发展进行谋划布局；二是加大了高等教育立法力度。适应新世纪我国高等教育发展的新情况，相继出台了

---

33 受调查者（其中 13 人）认为"中央政府应下放的高等教育管理权力"依次为：(1)学位授权审核和硕士点审批（9 人）；(2) 专业设置权（8 人）；(3) 招生计划制定权（5 人）；(4) 高校评估权（3 人）；(5) 高校设置审批权（2 人）；(6) 学费自行定价权（2 人）。

《中外合作办学条例》（2003 年）、《民办教育促进法》（2002 年）、《民办教育促进法实施条例》（2004 年）、《民办高校管理暂行规定》（2007）、《独立学院设置管理办法》（2008 年）等一批法律法规，对规范我国上述高等教育活动和办学行为产生了较好的作用。三是重视高等教育评估工作。在对本科高校进行合格评估基础上，完成了对全国本科高校人才培养工作水平评估；在高职院校人才培养工作水平评估基础上，启动了高职人才培养工作评估。另外，开展了部分学科学位点评估和重点学科的评估。通过评估，全面引导高校提高人才培养质量和学科建设水平。四是注意高等教育信息的发布。如定期召开新闻发布会，向社会介绍我国高等教育改革与发展进展情况及社会公众关心的热点问题；不时发布留学预警信息，告知公众小心留学陷阱；每年发布高校办学条件信息，对办学条件不达标的高校予以红、黄牌警示，使公众了解高校办学条件情况，正确作出报考选择。2009年，25 所高等学校因基本办学条件达不到有关规定要求被确定为 2009 年度暂停招生（红牌）或限制招生（黄牌）高等学校。此外，教育部颁布了本科高校、独立学院及高职院校设置、高校基本办学条件、本科和高职院校评估等一系列标准，使高校建设和管理工作有章可循，保证了高校人才培养基本质量。

通过加强对高等教育的宏观管理，中央政府减少了对具体事务的审批，逐步将一些权力下放给地方和高校。据统计，2000 年，教育部初步审核的项目有 128 项，有 7 项予以取消或下放，其余 121 项都予以保留；2001 年，教育部初步审核的项目有 91 项，有 14 项取消，转变管理方式 6 项，拟保留 72 项；2002 年，教育部初步审核的项目有 72 项，有 15 项取消，转变管理方式 6 项，拟保留 48 项，拟保留但下放省一级教育行政部门的 3 项，如将《实施高等教育学历文凭考试试点学校的资格》、《高校毕业生就业调整改派计划》中的权力都下放到省级政府或教育行政部门。[34]

2、促进高等教育均衡发展

随着我国高等教育进入大众化教育阶段，高等教育两极化的矛盾日益突出，高等教育财政的矛盾更加明显地体现在结构方面，需要政府在高等教育

---

34 康宁著.中国经济转型中高等教育资源配置的制度创新[M].北京：教育科学出版社，2005，291.

财政投入上体现全面、均衡、协调发展的指导思想。由于历史的原因，我国高等教育体系布局呈现出向中东部地区集中的特点，且东部地区高校办学水平普遍高于中西部地区。东部地区由于经济较为发达，当地政府对高等教育的支撑能力较强，同时社会对高等教育的经费支持也较多，因此，高等教育事业发展较快，如东部很多省份较早地通过多渠道筹资建立起了现代化的大学城，扩大了高等教育规模，而中西部高等教育特别是西部地区因为整体经济欠发达，制约了当地政府和社会对高等教育的支撑能力，因此，高等教育的发展相对较慢，需要加快发展速度。根据全面、均衡、协调发展的指导思想，中央政府有义务通过转移支付等方式加大对中西部地区发展高等教育的财政支持。实际上，近年来国家在逐步增加对中西部地区高等教育的财政支持，如《"十五"西部开发总体规划》提出"积极发展高等教育。通过优化配置现有资源和增加投入，改善西部地区高等院校的办学条件，开展与沿海地区联合办学，扩大西部地区和东部、中部地区高校在西部地区的招生规模，推行助学工程。"2004 年《国务院进一步推进西部大开发的若干意见》提出"国家继续在资金投入和政策措施上给予倾斜，支持西部地区高等教育发展。"近年来中央政府通过省部共建、"211 工程"立项和专项转移支付等方式，对西部高等教育进行了一定的扶持。如在第三期"211 工程"项目实施过程中，中央政府强调了兼顾薄弱地区的原则，提出了在没有"211 工程"院校的省份重点建设 1 所"211 工程"高校的要求。据此，海南、宁夏、青海、西藏、新疆建设兵团等 5 个没有"211 工程"院校的省份，终于在 2008 年各有 1 所高校挤身"211 工程"院校行列，结束了上述省份无"211 工程"院校的历史；同时，教育部对部分中西部地区高校进行"省部共建"（见表 5），加大扶持、支持力度；在全国示范性高职院校遴选中，教育部也坚持了这一原则，在已入选的 107 所示范性高职院校中，西部地区省份占 28 所，占总数的26.1%；在新增博、硕士学位授予单位和重点学科中，教育部也体现了对研究生教育发展滞后地区特殊照顾的精神，对这些省份下达了新增博士学位授予单位立项建设指标，并明确给上述新增"211 工程"院校 1-2 个国家重点学科。同时，为配合"西部大开发"战略，满足西部开发对高层次人才的巨大需求，教育部在高校设置方面也向西部倾斜，改善了高校的布局结构。西部地区高校数由 2000 年 249 所增加到 2004 年的 409 所。此外，启动了高等学校对口支援计划，确定北京大学、清华大学等一些高水平大学对口支援石河子大学、青海大学等 14 所西部高校，到 2007 年上半年西部受援高校已达 34 所、支援高校达到 60 所。

表 5：教育部与部分中西部省份共建地方高校名单

共建省（自治区）	共建高校	批准共建时间	备　注
河南省	郑州大学	2004 年 2 月 27 日	211
新疆维吾尔自治区	新疆大学	2004 年 3 月 11 日	211
云南省	云南大学	2004 年 3 月 11 日	211
广西壮族自治区	广西大学	2004 年 3 月 18 日	211
内蒙古自治区	内蒙古大学	2004 年 5 月 14 日	211
新疆建设兵团	石河子大学	2004 年 5 月 25 日	211
西藏自治区	西藏大学	2004 年 9 月 20 日	211
青海省	青海大学	2004 年 12 月 5 日	211
江西省	南昌大学	2004 年 12 月 15 日	211
宁夏回族自治区	宁夏大学	2005 年 4 月 22 日	211
陕西省	延安大学	2005 年 6 月 9 日	共同重点支持
河北省	河北大学	2005 年 11 月 10 日	
湖南省	湘潭大学	2005 年 12 月 17 日	共同重点支持
吉林省	延边大学	2005 年 12 月 25 日	共同重点支持
江西省	井岗山大学	2007 年 10 月 28 日	共同重点支持
海南省	海南大学	2007 年 12 月 24 日	211
河南省	河南大学	2008 年 10 月 17 日	

3、促进高等教育公平

随着我国各项改革事业的逐步推进，社会转型加剧，各种社会矛盾频现，教育领域的公平性问题日益突出。就高等教育而言，随着高等教育扩张，高等教育大众化目标的实现，高等教育在社会中的影响力越来越大，开始受到社会各方面的广泛关注和重视，如何实现个人的入学机会的平等、地区与地区之间、学校与学校之间的发展机会平等，成为高等教育公平的重要内容。关注弱势群体、资助经济困难学生上大学，不仅是一项重要民生议题，而且已成为关系社会稳定的重要政治问题。各级政府开始努力完善国家奖助学制度来落实政府责任，扶助贫困学生就学。经过多年的探索，初步建立起了包括国家奖学金、助学金、助学贷款等形式的国家助学体系。例如国家奖学金制度，主要用于奖励普通本、专科高校特别优秀的学生，所需资金由中央财政负担；国家助学金制度，由中央与地方共同设立国家助学金，用于资助普通本专科高校在校生中家庭经济困难学生和中职学校所有全日制在校农村学生及城市家庭经济困难学生；国家助学贷款政策，由政府进行贴息，为经济困难学生提供银行贷款。1999 年开始实行国家助学贷款制度，此后，有关部门出台了一系列规范性指导文件，使高校学生贷款日益走上规范化的轨道，调动了各方面的积极性，方便了学生借贷，并减轻了学生还贷的压力。据全国学生贷款管理中心的统计，截止到 2007 年 6 月份，全国已累计审批贷款的学生将近 318 万人，累计审批合同金额 278 亿元。近年来国家相关资助政策投入将达到 500 亿，资助 2000 万家庭经济困难学生接受高等教育[35]。此外，从 2007 年起，国家建立了师范生免费制度，对教育部直属师范大学新招收的师范生实行免费教育。

4、发挥评估机构及专家组织的作用

教育部一是重视评估机构的建立，2004 年成立了"教育部高等教育教学评估中心"，负责本科教学工作评估的实施和高职人才培养工作评估的指导；此前还成立了"教育部学位与研究生教育评估中心"，在新增博、硕士学位授予单位的审核、重点学科的评估、优秀博士学位论文评审、学位认证等方面发挥了重要作用。此外，教育部还充分发挥中国高等教育学会、全国高等学校教学研究会等学会的咨询、服务功能，委托这些学会围绕教育部中心工作开展相关业务培训和研讨活动。二是注意发挥专家组织的决策咨询作用。为加强对研究生教育工作和本专科教学工作的指导，教育部陆续成立了一系列研究生专业学位教育指导委员会和本专科教学指导委员会，这些指导委员会在人才培养方案及教学大纲制订、教材建设、考试评价、项目评审等方面发挥了极其重要的作用，为促进教育部职能转变做出了显著贡献。

4.3.2 省级政府统筹决策能力有所加强

从省级政府来说，对区域内高等教育的统筹决策权有所加强，省级政府在高等教育发展中的作用和地位更为突出。

---

35 刘海波.我国高等教育财政思想变迁研究[J].复旦教育论坛，2008（2）.

1、对区域内高等教育发展规划的权限有所增强

表现在以下几方面：一是省级政府获得了高职院校设置审批权。1999年，国务院办公厅印发了《关于国务院授权省、省治区、直辖市人民政府审批设立高等职业学校有关问题的通知》。根据通知精神，教育部相继授予了各省、省治区、直辖市人民政府设立高等职业学校的审批权。各省可以根据当地高校布局和经济社会发展需要自行设置高职院校。这一通知的颁布，极大地调动了地方政府发展高等教育的积极性，各地通过多种方式增设了一批高职院校，使全国各地高等教育布局结构得到进一步优化。自此，我国高等职业教育进入快速发展时期。高职院校从 1999 年时的 474 所迅速增加到 2005 年时的 1091 所，年均增长 14.9%；同期高职院校校均规模由1852 人上升到 3910 人，年均增长 13.3%。高职院校成为我国高等教育的"半壁江山"，在各地高等教育扩招中发挥了极其重要的作用。另外，各地根据教育部部署，制订了"十一五"高等学校设置规划，对本科高校设置获得一定规划权，基本能按照地方经济社会发展需求，逐步增设本科层次高等学校。

二是省级政府在一个时期获得了高职招生计划制定权。在"十五"时期，各地根据高等教育的发展程度自行制订高职年度招生计划，较好地适应了高校扩招的需要。

三是省级政府专业设置审批权有所扩大。省级政府可以根据教育部制订的高职指导性专业目录，自行审批高职专业；还可以根据教育部颁布的《普通高等学校本科专业目录》，自行审批少量由国家控制布点以外的本科专业。因此，各地高校专业设置与当地经济社会发展需求结合更为紧密。

四是省级政府高考招生权有所扩大。根据《中共中央国务院关于深化教育改革全面推进素质教育的决定》精神，部分省市开展了高职招生考试改革，进行了春季招生改革试点。此后教育部又赋予部分省市高考科目设置和自主命题的权力，使高考与高中课程改革相适应。

五是省级政府对当地研究生教育发展规划的权力得到加强。2008 年国务院学位委员会在考虑新一轮博、硕士学位授予单位增设时，在程序上进行了改革。采取先规划立项建设、再通过评估验收授权的办法。国务院学位委员会根据各地研究生教育发展情况，将各地 2008—2015 年新增博硕士学位单位指标下达各省，各地根据下达指标制订相应时期新增博、硕士学位授予单位

立项建设规划，自行确定新增博、硕士学位授予单位立项建设单位，增强了各地新增博、硕士学位授予单位的针对性和预见性。

2、加强了对当地部委高校的统筹

有关省市通过省部共建的方式，逐步加大了对当地部属高校的统筹力度。一是加大了对当地部委高校的支持力度，在学校征地、重点学科建设、人才引进和各类评优等方面给予很大政策优惠；二是将部委高校学科专业建设及招生计划纳入统一考虑范畴。在考虑学科专业布点时，将部属高校纳入当地统筹对象；在制订年度招生计划时，要求部属高校加大在当地招生比例；在科研成果转化方面，更是依托当地部属高校的力量。

总之，"两级管理、以省管为主"高等教育管理体制自初步建立以来，中央与地方在高等教育管理上关系开始理顺。中央与地方对各自的高等教育管理职责和权限更为明确，中央政府在加强对全国高等教育宏观管理方面更为自觉，地方政府对区域内高等教育的统筹意识也显著增强，发展高等教育的积极性更为高涨。实践证明，"两级管理、以省管为主"高等教育管理体制符合我国实际，并得到中央与地方政府的广泛认同。

5 高等教育管理中中央与地方关系存在的问题及原因

"两级管理、以省管为主"高等教育管理体制改革取得了较大进展，省级政府对区域内高等教育的统筹、决策权得到一定程度加强。研究显示，[1]在办学体制、管理体制、投资体制、招生就业体制、内部管理体制和教学体制等六大项管理权限中，保留在省一级的权力占统计权力数的 58.95%。尽管如此，高等教育集中管理的局面仍未得到根本扭转，该研究同时表明：2002 年，在办学与管理体制权限方面，有 1/3 的权限仍然保留在中央；同时，在上述六大项管理权限中，保留在中央的权力占统计权力数的 12.8%。[2]因此，省级政府对高等教育的决策权仍受到较大制约。这种情形与上世纪九十年代初提出的高等教育管理体制改革目标仍有一定距离。本章重在揭示新高等教育管理体制运行中存在的突出问题，并分析其产生的深层次原因。

5.1 存在的突出问题

5.1.1 中央政府"简政放权"、促进均衡发展不够

"简政放权"是上世纪八十年代中期以来，高等教育管理体制改革在处理中央与地方的关系上一以贯之的基本精神。纵观近十年来的发展，尽管中

1　康宁著.中国经济转型中高等教育资源配置的制度创新[M].北京：教育科学出版社，2005，303.

2　康宁著.中国经济转型中高等教育资源配置的制度创新[M].北京：教育科学出版社，2005，303.

央在"放权"方面做出了一些努力，如下放高职院校审批权、扩大省级政府高考科目设置权、赋予省级政府新增博士、硕士学位授予单位立项建设规划权、对高职院校人才培养工作评估权等，但整体而言，中央政府"简政放权"进展还不尽人意，改革步子小、力度不够大，在一些关键权限下放问题上迟疑、反复，仍存在"统得过多、管得过死"的问题。这已从问卷调查中得到印证，57.89%的受调查者认为"中央政府权力下放不彻底"；另有52.63%的受调查者认为"中央政府对高校直接管理过多"，有68.42%的受调查者认为"中央政府对高等教育直接管理过多，宏观管理不够"。具体表现在：

1、中央政府对高等教育具体事务管得过多，对省级政府权力下放不够。

"制订大政方针、加强宏观规划指导"，是高教体制改革对国家教育主管部门的职能定位。与此同时，明确"对地方举办的高等教育的领导和管理，责任和权力都交给省（自治区、直辖市）"。但从这些年的实际运行情况来看，这方面执行得很不理想。国家教育主管部门仍是习惯于具体事务的管理，对一些本应下放给省级政府的权力迟迟不愿下放或放了以后又加以上收。如1993年中共中央、国务院印发的《中国教育改革和发展纲要》在论及中央简政放权时，提出"省（自治区、直辖市）在充分论证、严格审议程序，自行解决办学经费，以及统筹中央和地方所属高校毕业生就业去向的条件下，有权决定地方高等学校招生规划和专业设置"；[3]1999年中共中央、国务院《关于深化教育改革全面推进素质教育的决定》第十一条在谈及加大省级人民政府发展和管理本地区教育的权力以及统筹力度时提出，"经国务院授权，把发展高等职业教育和大部分高等专科教育的权力以及责任交给省级人民政府，省级人民政府依法管理职业技术学院（或职业学院）和高等专科学校。高等职业教育（包括高等专科学校）的招生计划改由省级人民政府制定，其招生考试事宜由省级人民政府自行确定"。[4]但实际执行情况并非如此。从招生计划来说，无论是本科招生计划还是高职招生计划，仍由国家严格按制。地方高校每年的招生数由国家发改委和教育部共同下达。但中央在核定各省

3　康宁著.中国经济转型中高等教育资源配置的制度创新[M].北京：教育科学出版社，2005，379.

4　康宁著.中国经济转型中高等教育资源配置的制度创新[M].北京：教育科学出版社，2005，394.

地方高校招生规模时，主要考虑人口基数、普通高中毕业生数、上年度招生规模等因素，并对西部地区、民族地区予以适当倾斜，而未充分考虑地方经济发展水平和财政收入对高等教育发展的支持能力；专业设置方面，虽然在一定范围内下放了专业设置审批权，但仍有一些"国管"专业和目录外专业须报教育部审批，特别是一度下放的高职专业审批权和高职院校设置审批权，在下放一段时间后不久，又被教育部以"备案"名义陆续加以收回，致使各地很难根据当地经济社会发展需要考虑高职院校及其专业设置和招生规模。此外，还有新增博、硕士学位点的审核，专业学位的设置和管理，第二学士学位专业的审批等，省级政府都未获得相应权力。再加上教育部各种项目的实施，省级政府也只能围着指挥棒转，因为教育部各种项目实际上是变相的经费分配，争取项目就意味着获得中央财政支持，因此地方政府不能不积极应对。如此以来，地方教育主管部门实际上就成了国家教育主管部门的执行机构，难以独立自主、创造性的开展工作，"即使所拥有的自主是局限在中央政府的框架内的，而且这个框架带有明显的计划特征"[5]。由于教育部具体审批项目太多，也影响到高校的正常教学科研工作，"多头的申报项目、复杂的申报表格、繁杂的申报程序、负担过重的'跑评'过程，以及各个部门的分别申报评估，使学校的学术骨干疲于奔命地往来于政府与学术之间，不仅无法正常安心从事教学与科研，还滋生出一批专事评估、评审的'专家'来，严重地扭曲教学与科研的激励机制，甚至导致机会主义行为盛行"。[6]

2、中央政府直接举办、管理高校过多，对地方高校兼顾不够。

截止 2006 年，全国有中央部属高校 114 所（其中教育部直属高校为 71 所），占当年全国普通高校数（2188 所）的 5.21%。尽管从所占比例来看，中央部属高校不算太多，但由于中央部属高校均是办学历史较为悠久、综合实力较强的高校，因此其在全国的影响力非一般地方高校所能相比，在中央乃至国家教育主管部门中所处的位置自然也是地方高校难以企及。中央部属高校往往更多受到国家教育主管部门的眷顾，在获得各种办学资源上处于有利地位。首先，中央部属高校在经费上占有绝对优势。2002 年，中央政府的直

---

5 伍运文.论研究生教育之政府职能的"越位"与"缺位"[J].中国高教研究, 2006, 5.

6 康宁著.中国经济转型中高等教育资源配置的制度创新[M].北京：教育科学出版社, 2005, 226.

接高等教育投资为 326.38 亿元，大多投资于部属院校；[7]2005 年，占全国普通高校数 92%、学生人数 85%的地方高校获得的教育经费仅占全国普通高校经费收入的 57%；地方高校生均教育经费支出和生均预算内教育经费支出分别仅为中央部属高校的 49%和 43%。[8]并且自 1998 年以来，中央与地方属高校在生均财政性教育经费和生均公用经费支出方面的差距呈逐渐拉大之势，如表 6、表 7 所示。

表 6：1998-2007 年中央和地方属高校生均财政性教育经费变化趋势（元）

年　份	中央属	地方属	差　距	年增长（%）
1998	9064	6663	2401	-
1999	11091	6846	4245	76.8
2000	13089	6431	6658	56.84
2001	13289	5734	7555	13.47
2002	13223	5318	7905	4.63
2004	11748	4986	6762	-14.46
2005	12395	4963	7432	9.9
2006	13684	5232	8452	13.72
2007	15876	5538	10338	22.31

表 7：1998-2007 年中央和地方属高校生均公用经费支出变化趋势（元）

年　份	中央属	地方属	差　距	年增长（%）
1998	6703	4414	2289	-
1999	8001	4787	3214	40.41
2000	9791	5235	4556	41.75
2001	10427	4757	5670	24.45
2002	10919	4946	5973	5.34
2003	11443	4953	6490	9.11
2004	11630	5008	6622	2.03
2005	12950	5157	7793	17.68
2006	13618	5497	8121	4.2
2007	14900	6638	8262	1.74

7　曹椒江.高等教育体制分权化改革的理论分析[J].浙江社会科学，2006，1.

8　王保华.千万别冷落了地方高校[N].中国教育报（高等教育版），2005-9-23（4）.

中央和地方属高校间生均财政性教育经费差距由 1999 年的 4245 元上升到 2007 年的 10338 元，增长了 2.43 倍；生均公用经费支出差距由 1999 年的 3214 元上升到 2007 年的 8262 元，增长了 2.57 倍。造成这种局面的原因是，地方高校承担了高等教育扩招的主要任务，同期，地方高校与中央属高校学生数之比由 1999 年的 1.69 倍增加到 2007 的 4.79 倍（见表 8），但地方高等教育经费的增长赶不上在校生人数的增长。

表 8：1999-2007 年中央和地方属高校数及在校数变化情况

年　　份	高校数（所）		学生数（千人）	
	中央属	地方属	中央属	地方属
1999	248	823	1616	2746
2000	116	925	1630	3796
2001	111	1114	1891	5361
2002	111	1154	2274	6974
2003	111	1268	2685	8758
2004	111	1394	2952	10585
2005	111	1431	3041	12451
2006	111	1480	3247	13650
2007	111	1502	3766	18067

其次，中央部属高校在国家各种项目安排上占有优势。教育部在实施一系列"工程"项目时，常常会向部属重点高校倾斜，甚至有的项目限制地方高校申报，因此，各种项目评审结果往往是向部属重点高校集中，有的省市在很多项目评审时往往落选，申报积极性受到极大挫伤，以致引发"教育部是部属高校的教育部"的感慨。

如表 9 所示，第一、二届全国普通高校教学名师奖评选，在共评出的 200 名教学名师中有 100 名出自全国排名前 100 位的高校，出自地方一般高校的非常有限。

表9：第一、二届普通高校国家名师奖获得者地区和院校分布情况表

地　区	名师奖		综合排名前 100 名高校
	第一届	第二届	
东部	56	57	65
中部	31	23	20
西部	13	20	15

数据来源：根据中国教育部网站的相关材料整理。

再如表 10 所示，在 2003-2005 年全国普通高校精品课程评选中，贵州、西藏、广西等省（自治区）没有一门本科学校国家精品课程，海南、江西、云南、青海、河南等省也有 2 次评选结果为零，而北京、江苏、上海、湖北等由于部属高校较为集中，因此国家精品课程较多。另据统计，2005 年评选出的 299 门国家精品课程分布于 149 所高等学校，其中，来自部属高校课程 185 门，占总数的 61.87%；而来自省属本科院校的课程只有 53 门，占总数的 17.79%。[9]

表10：2003-2005 年全国本科学校国家精品课程地区分布

地区	2003	2004	2005	地区	2003	2004	2005	地区	2003	2004	2005
安徽	3	4	2	湖北	9	18	28	陕西	13	18	12
北京	31	58	49	湖南	6	4	9	上海	17	18	20
福建	0	7	8	吉林	5	8	6	四川	4	11	11
甘肃	0	3	1	江苏	15	25	19	天津	2	11	11
广东	5	10	5	江西	0	1	0	新疆	0	1	0
海南	0	1	0	辽宁	5	10	7	云南	0	1	0
河北	1	1	4	内蒙	1	1	0	浙江	2	11	11
河南	0	0	2	青海	0	1	0	重庆	2	4	5
黑龙江	4	9	11	山东	1	5	6				

数据来源：梁翎、贾让成.我国高等学校国家精品课程现状分析[J].高等理科教育，2007（74），4.

9　唐景莉.299 门高教国家精品课程评出，分布于 149 所高校[N].中国教育报，2006-3-22.

由于教育部所管直属高校过多，用于研究全国高校协调发展的功夫就显得很不够，对地方院校关注较少，政策支持、经费扶持都较欠缺，影响了地方院校的健康发展。以省部共建地方高校来说，省部共建地方高校获得国家财政投入较少。由于担负着高校扩招的任务，省部共建地方高校在前一个时期的高等教育扩张中，大都依靠贷款建设新校区，满足扩大招生规模、加快实现当地高等教育大众化步伐目标的需要。但到目前这些共建高校都面临沉重的还贷压力，办学经费非常紧张。由于，一些省部共建高校地处中西部地区，当地经济整体欠发达，难以帮助大学偿还贷款。中央财政对省部共建高校支持力度不够，反过来影响了地方政府对共建高校投入的积极性，给省部共建工作带来较大的困难。中央政府对于共建时提出的一些倾斜政策也未能很好地到位，如在重点学科布局和建设、学位点布局和建设、高层次人才培养、研究生教育改革等方面，省部共建地方高校没有享受到第一、二期"211"工程大学的相关优惠政策。这也得到问卷调查数据的支持，有 73.68%的受调查者认为"中央政府对直属高校支持较多，对地方高校重视不够"。

3、中央政府实施高等教育重点工程（"985"、"211"）较多，对一般院校兼顾不够。

从上世纪九十年代开始，为促进我国高等教育的发展、提高高等教育质量，提升高等教育的国际竞争力，中央政府先后实施了"211 工程"和建设世界一流大学工程（"985 工程"）。这些工程的实施，虽然在一定程度上促进了高校、地方之间的竞争，增强了所建高校的整体实力，取得了较好的社会经济效益，但同时也产生了一些问题。一是进一步强化了国家教育主管部门的权力和职能，在很大程度上妨碍或者减缓了我国高等教育体制的分权化改革进程。因为，"这些重点工程的推行，使教育部获得了更多的项目、经费主导权，具备了更多的直接管理职能，结果是相对地方、高校而言，权力的天平进一步向教育部倾斜"[10]。二是加剧了部属高校的地方化。目前，这些重点建设的高校均已实现"省部共建"。对地方政府而言，对部属重点高校投入巨额资金，理所当然希望看到投入效益，得到适

---

10 宋维强、廖媛红.大学竞争的政治学分析：以"985 工程"为例[J].高等教育研究，2004，6.

当的回报，而不是要给这些高校"免费的午餐"。根据共建协议，这些重点高校在面向全国服务的同时，应重点参与和服务于地方的经济建设和社会发展，为地方提供人才支持和知识贡献。三是加剧了高校间两级分化。因为这些重点高校具有很大的资源吸附能力，各种教育资源迅速向这些高校集中，如进入"985 工程"的院校，除了北京大学和清华大学三年内获得18 个亿的中央政府投资外，其余进入"985 工程"的重点大学也都平均获得 3 亿元左右的中央政府投资。

再以国家重点学科分布情况来说，1987 年评出的第一批 416 个重点学科点，覆盖 108 所高等学校，其中重点大学约占 2/3 以上，而且绝大多数重点学科分布在重点大学，一般院校的重点学科数一般只有 1-2 个，数量极少；[11]表11 主要对具有 2 个以上重点学科的高等院校进行了统计。

表 11：1987 年国家重点学科分布情况（部分）　　单位：个

排　名	学校名称	重点学科	排　名	学校名称	重点学科
1	北京大学	42	13	南京航空学院	3
2	清华大学	29	13	中南工业大学	3
3	南京大学	18	13	电子科技大学	3
4	中国人民大学	14	13	华东工学院	3
5	上海医科大学	13	13	华中农学院	3
6	复旦大学	11	13	浙江农业大学	3
6	南开大学	11	13	北京林业大学	3
6	西安交通大学	11	13	中山医科大学	3
6	北京农业大学	11	13	西北工业大学	3
6	北京医科大学	11	13	中国矿业大学	3
7	浙江大学	9	13	西南交通大学	3
7	武汉大学	9	13	南京林业大学	3
8	上海交通大学	8	14	吉林工业大学	2
9	吉林大学	7	14	东北工学院	2

---

11 陈超著.中国重点大学制度建设中的政府干预研究[M].广东高等教育出版社，2009，141.

9	厦门大学	7	14	北京邮电学院	2
9	北京师范大学	7	14	国防科技大学	2
9	中国协和医科大学	7	14	河海大学	2
9	哈尔滨工业大学	7	14	东北农学院	2
10	天津大学	6	14	白求恩医科大学	2
10	北京科技大学	6	14	同济医科大学	2
11	中山大学	5	14	山东大学	2
11	北京航空航天大学	5	14	兰州大学	2
11	中国地质大学	5	14	青岛海洋大学	2
12	中国科学技术大学	4	14	成都地质学院	2
12	华东师范大学	4	14	北方交通大学	2
12	大连理工大学生	4	14	中国纺织大学	2
12	北京理工大学	4	15	上海财经大学	1
12	东南大学	4	15	中国政法大学	1
12	华南理工大学	4	15	中央民族大学	1
12	同济大学	4	15	杭州大学	1
12	南京农业大学	4	15	四川大学	1
12	成都科技大学	4	15	西北大学	1

资料来源: 罗云.中国重点大学与学科建设[M].北京: 中国社会科学出版社, 2005:47-48.

在教育部于 2001/2002 年开展的第二次重点学科评选中, 共产生了 964 个重点学科, 覆盖全国 637 所高等学校。随着高等学校数量的扩大, 原来的重点大学数量所占比例下降了, 但重点大学的重点学科数仍然占重点学科总数的绝大部分, 约占总数的 80%以上。特别是一些顶尖的重点大学的重点学科急剧扩张, 如 "北京大学从 1987 年的 42 个激增到 81 个, 清华大学由 29 个激增到 49 个, 复旦大学从 11 个增加到 40 个, 而许多普通院校则很难拥有重点学科点"。[12]主要重点大学的重点学科分布如表 12。

---

12 陈超著.中国重点大学制度建设中的政府干预研究[M].广东高等教育出版社, 2009, 143-145.

表 12：2001-2002 年主要全国重点大学的重点学科分布　　单位：个

学 校	学科门类											总数
	哲学	经济	法学	教育	文学	历史	理学	工学	农学	医学	管理	
北京大学	4	2	9	1	8	3	26	10		16	2	81
清华大学		1			1		7	38			2	49
复旦大学	2	4	2		3	1	12	2		13	1	40
南京大学		1			4	1	17	3		1	1	28
人民大学	2	10	7		2	1					3	25
浙江大学				1			3	14	5	1		24
武汉大学	1	2	3			1	5	4		1	3	20
西安交通大学							2	15		1	2	20
中山大学	2		2			1	7			6	2	20
中国科技大学							15	4				19
中国农业大学							3	3	12		1	19
哈尔滨工业大学							1	16			1	18
南开大学		5				3	6	2	1		1	18
中南大学							2	9		6		17
北京师范大学	1		1	5	1	1	6	1				16
吉林大学	1	1	1				6	6		1		16
上海交通大学							1	14			1	16
四川大学	1				2	1	4	4		3		15
协和医科大学							3			12		15
华中科技大学								10		4		14
天津大学								12			1	13
厦门大学		4	1	1		1	5				1	13
北京航空航天大学								10			1	11
北京理工大学								11				11
第四军医大学							2			8		10
东南大学								10				10

院校												合计
同济大学							1	9				10
西北工业大学								10				10
大连理工大学							2	6			1	9
第二军医大学							2			7		9
国防科技大学								8			1	9
南京农业大学									7		1	8
北京科技大学								7				7
东北大学								7				7
中国矿业大学								7				7
北京中医大学										6		6
电子科技大学								6				6
东北林业大学							2	2	2			6
华东师范大学			4					2				6
华南理工大学								6				6
华中农业大学							2		4			6
兰州大学	1							5				6
山东大学				1			3	1			1	6
西南交通大学								6				6

注：在 12 个学科门类中，还有军事学，但是，军事学重点学科点主要分布在国防院校，而且数量极少，在普通重点大学中没有军事学重点学科，因此这里没有列出。

资料来源：学位与研究生教育杂志社，http://202.204.80.1/info/window/gdxx.doc.

在教育部重点实验室和其它重点基地分布方面，亦是向重点大学集中。"据统计，到目前为止，重点大学的国家实验室达到 102 个；教育部重点实验室总数达 137 个，其中 131 个分布在原全国重点大学中，其余 5 个分布在进入"211 工程"的 5 所地方院校中，它们是南昌大学、广西大学、华北工学院、湖南师范大学，还有 1 个分布在地方院校——汕头大学。从 2000 年开始，教育部又在全国高等学校评选设立了一批人文社会科学重点研究基地，这些基地全部分布在"211 工程"院校，学科范围覆盖了法学、经济学、教育学、文学、艺术学、哲学、考古学等学科领域"。[13]

---

13 陈超著.中国重点大学制度建设中的政府干预研究[M].广东高等教育出版社，2009，150

　　而一般院校由于不能从中央获得足够资源投入，其竞争力则进一步弱化。由于重点建设高校多位于东部地区的大城市，而一般院校多位于中西部地区，高等教育资源投入的不均衡加剧了高校间的两极分化。正如阿特巴赫所指出的，"过于强调获得世界一流大学的地位，可能会损害某一特定的大学或院校系统。这样做有可能使得精力和资源偏离更重要并且可能更现实的目标。它或许会使人们以牺牲大学的入学率与为国家服务为代价，将精力过多地投在了建设研究性大学也就是精英大学上。它也可能导致提出一些不现实的期望，以致有损教师的信心和工作表现。"[14]

4、中央政府对发达地区高等教育支持较多，对欠发达地区高等教育扶持不够。

　　由于历史的原因，中央部属重点高校多分布在东部经济发达地区。据统计，现有的 75 所教育部直属高校中，东部地区 49 所，超过了全国总数的 65%。其中仅北京就有 22 所，接近中部和西部的总数[15]。"985 工程"一期重点建设的 34 所高校有 6 所在北京，数量相当于西部地区"985 工程"一期重点建设高校的总和。中西部地区有 12 个省份没有一所中央高校，高等教育资源的区域分布十分不平衡（见表 13、14）。

表 13：普通高校管理体制结构　　单位：所

	东　部	中　部	西　部
教育部直属高校	47	13	12
"211 工程"学校	63	24	17
"985"高校	24	7	7

数据来源：根据中国教育在线网：教育部部直属高校通讯录和 211 工程学校名单整理。

---

14 陈学飞.理想导向型的政策制定——"985 工程"政策过程分析[J].北京大学教育评论，2006，1.

15 高文兵、郝书辰等著.中国高等教育资源分布与协调发展研究[M].高等教育出版社，2008，173.

表 14：高等学校重点学科的地区分布　　　单位：校

地区＼学科	哲学	经济学	法学	工学	文学	历史学	理学	农学	医学	管理学	教育学
东部	11	38	28	230	32	12	138	41	87	22	18
中部	4	4	5	61	5	4	15	13	16	5	0
西部	1	3	2	66	3	2	9	7	9	9	1

数据来源：根据中国教育科研网《高等学校重点学科名单》的数据整理。

据研究，"2004 年我国高等教育与经济发展相协调的省份有 10 个，基本协调的有 5 个，较不协调的有 6 个，严重不协调的有 10 个；东部地区（除辽宁外）经济发展超前于高等教育发展，中、西部地区经济发展落后于高等教育的发展"。[16] 随着"211 工程"和"985 工程"的实施及省部共建重点高校协议的相继签署，中央政府对高等教育的投入和其他各种教育资源有进一步向经济发达省市流入的趋势。这可从 1998 年、2005 年两个年度中央高等教育经费在全国各个地区的分配情况中得到反映。表 15 给出了"1998 年和 2005 年各个地区中央高校总经费和财政预算内经费占该地区全部高校的总经费和财政预算内经费的比例。其中，北京、浙江、广东、湖北、安徽、陕西等省市的比例有所提高，其余的省份都在下降，1998 年仅有贵州省的经费为零，2003 年及其以后则有 10 个省份为零。中央政府的高等教育经费进一步向几个省市集中"。[17]

表 15：1998 年、2005 年中央政府高等教育投资在全国的分配情况

省份	1998		2005		省份	1998		2005	
	总经费	预算内	总经费	预算内		总经费	预算内	总经费	预算内
北京	19.5	19.4	25.2	24.77	河南	1.5	1.7	0.0	0.00
天津	3.4	3.3	2.5	2.58	湖北	7.6	7.3	8.6	8.01
河北	1.7	1.8	0.6	0.57	湖南	3.3	3.4	2.4	2.37

---

16 杨益民.区域高等教育规模与经济发展关系的实证分析[J].江苏高教，2006，3.

17 曹椒江、董克用.我国政府之间高等教育投资责任划分问题研究[J].财贸经济，2007，9：28

山西	0.3	0.4	0.0	0.00	广东	3.9	3.7	5.4	5.90
内蒙古	0.1	0.1	0.0	0.00	广西	0.3	0.3	0.0	0.00
辽宁	6.2	6.2	3.1	3.68	海南	0.1	0.2	0.0	0.00
吉林	3.2	3.3	2.7	3.13	重庆	2.6	2.7	2.1	1.92
黑龙江	3.5	3.5	4.1	3.30	四川	5.2	4.8	5.3	4.64
上海	10.3	9.1	11.2	1.88	贵州	0	0	0.0	0.00
江苏	9.4	9.3	8.9	8.60	云南	0.4	0.4	0.0	0.00
浙江	2.3	2.1	3.4	3.08	陕西	5.4	6.2	5.8	6.57
安徽	1.8	2.1	2.1	3.16	甘肃	1.3	1.5	1.0	1.20
福建	1.3	1.3	1.7	2.03	青海	0	0	0.0	0.00
江西	1.1	1.3	0.0	0.00	宁夏	0	0.1	0.2	0.24
山东	3.4	3.6	3.1	3.37	新疆	0.6	0.7	0.0	0.00

（转引自曹椒江、董克用.我国政府之间高等教育投资责任划分问题研究，财贸经济，2007（9），28.）

如此以来，就导致了这样的情形：由于中央高等教育投资对地方高等教育投资具有替代和补充作用，因此削弱了经济发达地区举办高等教育的努力程度。这可从以下表16、17中看出：

如表16所示，2005年全国各省市的地方高教财政预算内经费占财政收入的比例（地方高等教育努力程度指标之一）差距较大，最高的是青海，为8.06%，最低的是山东，为3.00%，极差为5.06%，全国平均值为4.27%，极差率达到118.5%。上海、广东、浙江、山东、江苏等东部地区的努力程度均在平均值以下；除了四川和新疆，西部地区其余省市均在全国平均值以上。东中西部地区的平均水平依此为：东部3.90%、中部5.11%、西部4.86%，中西部地区高于东部地区，反映出东部地区地方政府发展高等教育的努力程度较低，中西部地区地方政府的努力程度反而较高[18]。

---

18 曹椒江、董克用.我国政府之间高等教育投资责任划分问题研究[J].财贸经济，2007，9.

表16 ：2005 年地方高教财政预算内经费占财政收入的比例（％）

排 序	地 区	比 例	与均值之差	排 序	地 区	比 例	与均值之差
1	青海	8.06	3.78	16	北京	4.62	0.34
2	吉林	7.37	3.10	17	安徽	4.58	0.31
3	甘肃	7.08	2.80	18	重庆	4.48	0.20
4	宁夏	6.39	2.12	19	海南	4.44	0.16
5	陕西	6.05	1.78	20	山西	4.38	0.11
6	天津	5.90	1.62	21	内蒙古	4.26	-0.02
7	河南	5.84	1.57	22	湖北	4.24	-0.03
8	江西	5.38	1.11	23	河北	3.97	-0.31
9	黑龙江	5.36	1.08	24	江苏	3.89	-0.39
10	福建	5.27	1.00	25	新疆	3.83	-0.44
11	湖南	5.10	0.82	26	四川	3.74	-0.54
12	云南	5.04	0.77	27	广东	3.68	-0.59
13	贵州	4.80	0.53	28	浙江	3.52	-0.75
14	辽宁	4.78	0.51	29	上海	3.21	-1.07
15	广西	4.71	0.44	30	山东	3.00	-1.28

（转引自曹椒江、董克用.我国政府之间高等教育投资责任划分问题研究，财贸经济，
2007（9），30.）

表 17 给出了 2005 年全国各地区地方高等教育财政性经费占地方国民生
产总值的比例（地方高等教育努力程度指标之二），从表中可以看出，全国各
地差距较大，最高的是北京，为 0.64%，最低的是山东，为 0.18%，极差达到
0.46%，全国平均值为 0.33%，极差率超过 139%。山东、浙江、江苏、广东
等东部发达省份的这一比例在平均值以下；西部地区除了四川和新疆低于全
国平均水平，其余省市均在全国平均值以上，东、中、西部地区的平均水平
依次为：东部 0.33%%、中部 0.32%、西部 0.38%。该指标也反映出经济发达
地区地方政府发展高等教育的努力程度较低，而西部地区地方政府的努力程
度反而最高。[19]

---

19 曹椒江、董克用.我国政府之间高等教育投资责任划分问题研究[J].财贸经济，
2007，9.

表17：2005 年地方高等教育财政性经费占地方国民生产总值的比例（％）

排 序	地 区	比 例	与均值之差	排 序	地 区	比 例	与均值之差
1	北京	0.64	0.30	16	江西	0.34	0.00
2	天津	0.54	0.20	17	广西	0.33	0.00
3	宁夏	0.50	0.17	18	湖南	0.32	-0.02
4	青海	0.50	0.17	19	浙江	0.32	-0.02
5	上海	0.50	0.16	20	广东	0.31	-0.02
6	云南	0.47	0.13	21	黑龙江	0.31	-0.02
7	陕西	0.46	0.13	22	江苏	0.31	-0.02
8	甘肃	0.46	0.12	23	内蒙古	0.31	-0.03
9	贵州	0.45	0.12	24	河南	0.30	-0.03
10	吉林	0.42	0.09	25	安徽	0.29	-0.04
11	辽宁	0.41	0.08	26	新疆	0.27	-0.06
12	山西	0.40	0.06	27	湖北	0.26	-0.07
13	重庆	0.39	0.06	28	四川	0.25	-0.08
14	福建	0.36	0.02	29	河北	0.21	-0.12
15	海南	0.34	0.01	30	山东	0.18	-0.16

（转引自曹椒江、董克用.我国政府之间高等教育投资责任划分问题研究，财贸经济，2007（9），30.）

　　因此，越是经济发达的地区，从中央政府的高等教育投资中获益越多，越是贫困地区从中央政府获益越少。这可从表18中得到反映。东、中、西部地区获得中央投资的比例在发生变化，东部地区增加，中、西部地区减少[20]。

---

20 曹椒江、董克用.我国政府之间高等教育投资责任划分问题研究[J].财贸经济，2007，9.

表18：中央高等教育投资在东中西部地区的分配（％）

地区	1998		2005	
	总经费	预算内	总经费	预算内
东部	61.8	60.3	65.7	65.5
中部	22.4	23.1	19.9	20.0
西部	15.5	16.4	14.4	14.6

（转引自曹椒江、董克用.我国政府之间高等教育投资责任划分问题研究，财贸经济，2007（9），28.）

5、中央政府对与地方共建原部属高校责任移交多，但财力保障不够。

经过持续多年的体制改革，"截止 2007 年 12 月，全国共有中央与地方共建高校 183 所，其中本科 168 所，专科 15 所，约占全国普通高校总数（1908 所，含高职院校）的 10%，其中本科高校约占全国本科高校总数（704 所）的 23%"。[21]部属高校在下放当地后，在进一步密切与当地社会经济的联系、促进当地经济社会发展的同时，也加重了当地政府的财政压力。因为，一方面，划转到当地管理的中央与地方共建高校的教育经费的主要由当地政府承担。如陕西省，1998 年底有部委属高校 24 所（共有普通高校 43 所），其中 11 所部委属院校划转为省部共建、以陕西省管理为主的高校，这 11 所高校在校生人数超过省属院校在校生人数的总和。[22]根据当时规定，共建高校仅按划转上年预算调整数减去一次性专项后上浮 15%作为下划地方的经费指标。这一上浮比例低于全国部属高校预算内教育经费的平均增幅，实际上是把本应由中央财政承担的一部分属于划转院校的经费转嫁给地方财政。"经测算，陕西省 1998 年接收西安理工大学等 5 所划转高校所实际面临的经费缺口达 4 亿元，相当于全部省属高校当年财政拨款总额的 1.72 倍"。[23]

另一方面，共建前，中央与地方共建高校在校生规模较小，但"在中央与地方共建高校形成和发展时期，恰恰是我国高等教育从精英化向大众化迅

---

21 黄维、伍海泉.中央与地方共建高校的类型划分及其财政支持政策研究[J].复旦教育论坛，2009（7），6.

22 黄维、伍海泉.中央与地方共建高校的类型划分及其财政支持政策研究[J].复旦教育论坛，2009（7），6：57

23 黄维、伍海泉.中央与地方共建高校的类型划分及其财政支持政策研究[J].复旦教育论坛，2009（7），6：57

速迈进时期，高等教育的大众化速度超过了当地政府财力和国民经济的增长速度"。[24]因为扩大办学规模需要相应的软、硬件办学条件，为此，学校需要加大基本建设投入，用于改善教学场所和生活设施，完善教学仪器设备和实习实训条件，这些都需要有足够的经费投入作保障。但中央与地方共建高校的基本建设投资都是按共建前的基数一次核定，教育事业费也是按照共建时划转的在校生人数一次核定，都没有考虑到学校每年扩大招生规模的因素。同时，因划转高校改变了原行政隶属关系，学校原来享受部委或行业的基本建设费包括设备投资拨款、教育经费补助以及各种专项经费均被取消，[25]"使得来自财政部的政策、项目和经费支持明显减少，'共建'成了当地政府的'自建'，而当地政府财力有限，对这些高校的投入也是有心无力"，[26]因此一是导致共建高校办学条件的紧张，如湖南省共建高校的 100 多间实验室，就有 90 多间已经或接近无法使用。[27]二是导致共建高校共建前后生均财政性教育经费支出不同程度下降。以湖南为例，该省"6 所中央与地方共建高校的生均财政性教育经费支出（见表 19），只有湖南工程学院基本持平，其他 5 所均有不同程度的降低，尤其是中南林业科技大学，几乎下降 50%"。[28]

表 19：体制调整前后共建高校生均财政性教育经费支出变动情况
　　　　单位：元

共建高校	1999 年	2006 年	变动情况
湖南科技大学	4172.84	3865.45	降低
长沙理工大学	5492.27	5081.11	降低
中南林业科技大学	6892.88	3273.14	降低

---

24 黄维、伍海泉.中央与地方共建高校的类型划分及其财政支持政策研究[J].复旦教育论坛，2009（7），6：56

25 黄维、伍海泉.中央与地方共建高校的类型划分及其财政支持政策研究[J].复旦教育论坛，2009（7），6：56

26 黄维、伍海泉.中央与地方共建高校的类型划分及其财政支持政策研究[J].复旦教育论坛，2009（7），6：57

27 高晓明.中央财政发挥导向作用。二百余共建高校平稳改制[J].光明日报，2003-06-12.

28 黄维、伍海泉.中央与地方共建高校的类型划分及其财政支持政策研究[J].复旦教育论坛，2009（7），6：58

南华大学	4385.27	3186.20	降低
湖南工业大学	5562.03	4834.28	降低
湖南工程学院	3915.01	3671.24	基本持平

（转引自黄维、伍海泉.中央与地方共建高校的类型划分及其财政支持政策研究[J].复旦教育论坛，2009（7）6,58.）

同时，共建高校与中央部门直属高校生均财政性教育经费支出水平的差距也进一步拉大。1999 年和 2006 年，中央部门直属高校生均财政性教育经费支出年平均为 12150.50 元和 11956.08 元。可见，"无论是在 1999 年，还是 2006 年，湖南 6 所中央与地方共建高校的生均财政性教育经费支出均远远低于中央直属部门高校的平均水平，普遍仅相当于中央直属部门高校的 30-40%"。[29]

5.1.2 省级政府的自我监督和约束机制不健全

省级政府对"以省级政府管理为主"与防止地方教育壁垒、服从国家宏观调控的关系处理得不是很好，一些地方政府大局意识薄弱、权力运行失范，致使国家宏观调控难度加大。尽管如上所述，这些年来中央政府在高等教育管理权力下放方面还不尽人意，但毕竟下放了一些权力，省级政府对区域内高等教育的决策权有了一些实质性的增加。但就省级政府对中央政府已下放的权力的运用情况来看，也存在全局意识不强和不同程度的权力滥用问题。

1、狭隘地域观念影响全国高等教育健康协调发展

随着高等教育体制改革的推进，地方政府获得了更多的发展和管理当地高等教育的权力。但一些地方政府往往不是从当地经济社会发展客观需求来规划发展当地的高等教育事业，而是将发展高等教育视为"政绩责任和表达工具之一"，[30]盲目攀比、追求自我完善。这从某些地方制定的高等教育发展规模和高等教育毛入学率目标可见一斑（见表 20）。少数高等教育资源丰富且级济发达的省份实现了高等教育大众化指标并率先进入高等教育普及化阶段；一些高等教育资源不丰富且经济不发达的省份也力争在达到高等教育毛

---

29 黄维、伍海泉.中央与地方共建高校的类型划分及其财政支持政策研究[J].复旦教育论坛，2009（7），6.

30 刘海波.江浙沪高等教育资源融整合与发展[J].江苏高教，2005，5.

入学率 15%指标的基础上实现新的突破。自扩招以来，各地竞相建设"高等教育大省"或"高等教育强省"，完全脱离当地客观需求和财力支撑能力；在院校、专业设置上追求齐全、（学科、专业目录）覆盖率，也不考虑全国重点院校及邻近省份的培养能力，以至造成各省市高等教育资源重复，某些优质高教资源得不到很好地利用；在一些院校升格方面，地方政府也起了推波助澜的作用，因为，院校升格了，既可以提高当地院校的知名度，也可以从中央获得更多的实际利益，但此举的结果，是导致全国高校的雷同，千校一面，办学没有特色。另一方面，某些地方政府为了照顾局部利益，在招生、就业方面实行地域保护政策，或要求对等投放招生计划，或就业要求本地户口，对外省高校实行种种限制，因此造成省际高等教育市场分割。此种情形，不仅损害了异地高校和学生的权益，也削弱了当地高校和学生的竞争力，对全国形成统一、高效、有序的高等教育市场起到了极大地阻碍作用。

表 20：部分省市区十五末和"十一五"末高等教育毛入学率目标

省市区	十五末（2005 年）的现状	十一五末（2010 年）的目标
山西	21%	28%左右
江西	20%	25%左右
内蒙	18%	25%左右
安徽	17%	25%左右
山西	21%	28%左右
宁夏	19%	30%以上（2020 年）
广西	15%	22%
云南	12%	18%左右

资料来源：各省区《教育事业发展十一五规划》和《国民经济和社会发展规划纲要》。

2、一些地方存在权力滥用的问题

主要表现在：一是在院校设置问题上，某些地方政府受行政权力和长官意志干预的影响，随意放宽设置标准，致使一批条件不达标的高职院校得以产生。如某省有 2 所高职院校就是因为长官意志干涉，在条件不具备的情况下仓促上马，结果自办学至今，校园问题尚未得到解决，学生在租借场所学习，对当地高等教育形象造成了负面影响。从全国来看，高职院校从 1999 年的 474 所猛增到 2005 年的 1091 所，其中既有高等教育扩招的内在需求，但也不排除其中一部分高职院校是先天条件不足而生，这从近年的办学条件核查结果中有所反映（见表 21）。有些高校占地面积达不到高职院校设置标准最低要求，有些高校建筑面积、生均图书等办学条件不达标。这些都是由于某些地方主管部门不按设置标准办事、不依法行政的结果。

二是在专业设置方面，也存在一定随意性。有的省对专业布局统筹考虑不够，导致省内高校专业大量重复设置，热门专业布点过多；有的省对目录外专业审批缺乏足够论证，导致某些新办专业社会需求不足或基本办学条件得不到保障；一些新设专业只是在名称上做文章，而专业内涵方面并无多少新意。三是在硕、博士点增设方面，屈从于学校或其他方面的压力，注重于平衡，而对新增学位点学科建设条件重视不够，导致新增学位点达不到创新人才培养的要求，研究生教育文凭的贬值。此外，在各种办学水平评估中，也存在降低标准或刻意保护的情形，如近年各省自行开展的高职人才培养工作水平评估和学位点评估，很少有不通过的情况，非"优"即"良"，结果是皆大欢喜，致使评估效果大打折扣，在社会上产生负面评价，降低了政府的公信力。

3、某些地方对中央政策执行不力，宏观调控时常"失灵"

如前几年各地违规占地建设"大学城"，以追加省内招生指标方式超计划招生，向部属高校施加压力、扩大在当地招生比重，变相设置民办二级学院（实质上是"校中校"）等等，这些行为严重影响了国家政策的严肃性。以超计划招生来说，早在 2002 年，教育部就已经提出，由于教学资源、后勤服务设施都达到了一定的饱和状态，扩招进入调整期，每年的增长率将控制在 5%-10%。然而，从实际招生人数来看，2002 年以后的扩招速度大大超过了 10% 的控制线，有时甚至接近 20%。[31]特别是对部属高校施压增加当地招生比例，是导致重点高校招生"本地化"的重要原因之一。如 2005 年，复旦大学本科招生计划总数 3400 人，外地生源总数 1253 人，占 36.9%，而上海本地生源比例达 63.1%。同样，浙江大学本科招生计划总数 5500 人，在浙江投放招生计划 3715 人，本地生源比例达 67.5%；中山大学本科招生 7210 人，在广东地区招收 4500 人，本地生源占 62.4%。地处中部的武汉大学，湖北生源也

---

31 张应强，彭红玉.高等教育大众化时期地方政府竞争与高等教育发展[J].高等教育研究，2009，30（12），12.

超过了 50%；南京大学的江苏生源达到 40%。[32]这种情形影响了重点高校作为"国家队"为全国服务的作用的发挥，也不利于国家对高等教育的宏观调控和平衡功能的发挥。另外，在实施国家助学贷款政策方面，尽管中央政府十分重视通过国家助学贷款解决经济困难学生上大学的问题，但在一些地区地方政府却对于需要其提供贴息的部分行动迟缓，加上银行考虑到贷款风险，很多地方对于相关政策的执行不够重视，形成中央与地方的政策认知、利益、行动反差，影响了政策的效果。民办高等教育近年来发展迅速，已经成为高等教育的重要组成部分，到 2006 年民办高校 278 所，在校生 133.79 万人，独立学院 318 所，在校生 146.7 万人。但目前政府对民办高等教育的支持主要体现在各种政策性优惠，很少有财政经费的直接支持，急需政府转变思想，予以一视同仁的支持。在对民办普通高校学生贷款方面，只有个别地区政府进行了贴息，对民办高校学生形成新的不公平，引起民办高校的批评。

表 21：2009、2010 年暂停招生和限制招生高等学校名单

一、暂停招生（红牌）高等学校

学校名称	主管部门	年　份
黑龙江农垦林业职业技术学院	黑龙江省	2010
福州科技职业技术学院	福建省	2010
桂林理工大学博文管理学院	广西壮族自治区	2010
黑龙江农垦林业职业技术学院	黑龙江省	2009
湖南软件职业技术学院	湖南省	2009
长沙南方职业学院	湖南省	2009

二、限制招生（黄牌）高等学校

学校名称	主管部门	年　份
山西老区职业技术学院	山西省	2010
上海中华职业技术学院	上海市	2010
浙江东方职业技术学院	浙江省	2010
武汉科技职业学院	湖北省	2010

32 张庆霞.全国重点大学招生"本地化"的几点思考[J].佳木斯大学社会科学学报，2006，1.

陕西电子信息职业技术学院	陕西省	2010
北京科技职业学院	北京市	2009
北京汇佳职业学院	北京市	2009
北京新圆明职业学院	北京市	2009
河北省艺术职业学院	河北省	2009
长治职业技术学院	山西省	2009
内蒙古经贸外语职业学院	内蒙古自治区	2009
长春东方职业学院	吉林省	2009

5.1.3 省级政府职能转换及责任履行尚不到位

随着高等教育管理权力的下放及对发展区域内高等教育责任的加大，一些地方政府表现出两方面不适应：

1、落实高校办学自主权不够

高等教育体制改革一个重要方面内容就是要"理顺政府与高校的关系"，《中国教育改革和发展纲要》（以下简称《纲要》）提出："政府要转变职能，由对学校的直接行政管理，转变为运用立法、拨款、规划、信息服务、政策指导和必要的行政手段，进行宏观管理"，要"在招生、专业调整、机构设置、干部任免、经费使用、职称评定、工资分配和国际合作交流等方面，分别不同情况，进一步扩大高等学校的办学自主权"[33]，使高等学校真正成为面向社会自主办学的法人实体。应该说，这个问题多年来一直没有得到很好解决。在高等教育体制改革中，一些被中央下放、理应归还高校的权力又被当地政府加以截收。如毕业证书统一征订、部分基础课教材统一编写、某些岗位中层干部的统一调配、高校自主设置专业的审批、经费的使用和设备的采购、国际合作交流的开展，等等。在一些地方，政府对高校的干涉、干预呈增多、增强之势。"这实际是高等教育政府管理主体下移：由地方政府计划管理替代中央计划管理。在这一背景下，虽然体制顺了，但是地方高等教育的结构却在'趋同'与'劣化'"[34]。这也是部分中央部属高校不愿被地方政府"统筹管理"的原因。他们的主要担

---

33 康宁著.中国经济转型中高等教育资源配置的制度创新[M].北京：教育科学出版社，2005，379.

34 李国柱.助学贷款政策中政府职能缺位分析[J].教育发展研究，2007.10A

心是"共建"没得到多少实质性的支持，"共管"倒多了个"婆婆"，学校的办学自主权就更难落实了[35]。

2、高等教育投入严重缺位

改革开放以来，国家突出经济建设在各项工作中的中心地位。发展地方经济不仅成了地方政府的重要职责，而且经济发展状况成了上级部门进行政绩考核时的主要指标。与传统的计划经济体制不同，在市场经济体制下，地方政府正逐步演变为相对独立的利益主体，开始从以往单纯的中央政府的代理者和执行者，逐步转变为地方绩效的管理者、投资者和监督者。地方政府在经济领域的独立性不断增大。如此一来，地方政府的财政投入行为更加趋于"理性"。表现为追求经济利益最大化，"唯 GDP 论"的政绩观非常盛行。另一方面，适应我国社会主义市场经济的行政管理体制尚待完善，相关法律制度的约束和保障不够健全，因此导致地方政府在高等教育投入上随意性大，在保证高等教育这样的"软投入"上用力不足。另外，地方政府的施政理念易受地域限制，在体制转型的背景下，面对越来越高的人才流动率，站在"经济人"假设理论的立场，当高等教育投入与人才流动发生冲突时，政府的投资偏好会侧重于对本区域更加有利的方面。因此大大降低了地方政府投资高等教育的积极性。近年来，在教育投入整体不足的情况下，各地又将有限的教育经费优先投入基础教育和中等职业教育，因为这两类教育被纳入"民生工程"范畴，因而受到格外重视，高等教育则因其非义务教育性质，在地方教育经费安排时往往处于不利位置。

5.1.4 省级政府统筹区域内高等教育能力有待加强

问卷调查显示，有 11 人（44%）认为当前高等教育管理新体制运行中存在的主要问题之一是"省级政府统筹资源（财力）不够"；有 12 人（48%）认为影响高等教育管理新体制运行的主要因素之一是"省级政府高等教育统筹资源（财力）缺乏"。对"省级政府对高等教育管理存在的主要问题"的回答，有 8 人（32%）认为"管理人员素质不高，管理能力较弱"，有 18 人（72%）认为"部门之间协调不够，难以形成合力"。对部属高校的统筹情况，

---

35 同济大学改革与发展研究室.教育部直属高校管理的现状及对策研究[J].同济教育研究，2001.

有 10 人（40%）认为"一般"，认为"好"、"较好"的只占 31.25%。可见，省级政府对区域内高等教育的统筹管理受到多方面因素的制约，既有经济承受能力的问题，也有职能部门人员素质的问题，还有部门之间、上下之间的沟通协调问题。尤其是对部属高校的统筹管理问题较为突出。

1、部属高校与地方在"共建"、"共管"问题上认识不一致，产生抵触

地方政府根据地方社会经济发展需要和人民群众的愿望，要求"共建"的部属高校扩大在本地招生的比例，特别是在地方政府对部属高校投入大量经费给予"共建"后，如不能在招生方面满足当地群众的需求，教育主管部门将面临十分巨大的压力。但有些部属高校抱怨地方政府在统筹管理时总是会过多地考虑地方的利益，而忽视了直属高校是"是主要为全国培养人才的高等学校"的属性。他们希望根据各省市的生源情况调整自己的招生计划，同时，逐步压缩本专科招生规模，扩招研究生。另外，地方教育主管部门为了本地区学科专业的布局，要对部属高校的招生计划进行统筹，而直属高校则感到有地方保护主义之嫌。

2、部属高校不太情愿接受地方政府管理

根据调研报告，有的地方同志感觉部属高校有回避地方政府统筹和轻视地方教育部门的现象，经常或者以直属有关部委的名义拒绝地方的统筹，或者干脆越过地方教育主管部门找地方上层领导直接批文来"压"教育行政部门。还经常利用政策差异"钻空子"，致使"共管"统筹成空话。有的直属高校直言，"直属高校就应该只由中央管，地方政府总是局限于地方的视野，是没办法也无能力管好直属高校的"[36]。

3、体制上存在的障碍

就是教育部对部属高校往往直接下文布置有关工作，或直接受理部属高校某些项目的申报，没有经过地方教育部门，致使地方统筹难以落到实处。如在专业设置方面，地方教育部门认为部属高校基本不与地方商量，教育部审批时也缺少与地方的通气协商，致使地方政府根本无法统筹，造成部属高

---

36 同济大学改革与发展研究室.教育部直属高校管理的现状及对策研究[J].同济教育研究，2001.

校与地方高校重复设置相同专业较多。部属高校各种项目的申报，往往不征求地方意见就直接上报，因此，难以平衡协调。

4、"共建共管"程序不明确，职责不清楚，存在扯皮现象

就地方政府的角度而言，比较强调"共建"后要落实"共管"。不少地方教育部门的同志抱怨，一些部属高校是只要"共建"，不要"共管"，难以统筹；但部属高校更关心的是"共建"的实质性内容。不少高校抱怨现在有的地方教育行政部门是"共管"多，"共建"少，一般表态多，许诺兑现少[37]。这些问题多是由于"共建"责任不清导致的。可见，地方政府对辖区内部属高校的统筹还有许多障碍需要克服。最关键的是要正确界定两级政府的权界问题，做到管理有章可循。

5.2 主要原因

"两级管理、以省管为主"高等教育管理体制运行以来存在的种种问题，分析其背后的原因是多方面的。既有长期实行计划经济体制惯性的因素，也有改革不彻底、不到位的因素，更有机制不健全、关系没理顺的因素。

5.2.1 事权重叠

明晰政府间的事权是现代公共管理理论的基本原则，也是一切发达国家在管理实践中共同遵循的基本要求。但我国长期以来在中央与地方政府之间对一些公共管理事务存在管理职能重叠，事权不清、责任不明的问题。表现在高等教育管理上，呈现出典型的"职责同构"[38]特征，中央与地方设置相同的高等教育管理部门，承担着相同的管理职责（见表 22、23），如院校设置、专业设置、人才培养过程管理、教学质量监控等等，中央与地方两级政府都在管理，"结果，所有的政府管理所有的事情，所有的事情在所有的政府层级都得不到

---

37 同济大学改革与发展研究室. 教育部直属高校管理的现状及对策研究[J]. 同济教育研究，2001。

38 所谓"职责同构"，是指在政府间关系中，不同层级的政府在纵向间职能、职责和机构设置上的高度统一、一致。通俗地讲，就是在这种政府管理模式下，中国每一级政府都管理大体相同的事情，相应地机构设置上表现为"上下对口，左右对齐"（见朱光磊、张志红，"职责同构"批判，北京大学学报（哲学社会科学版），2005 年第 1 期，第 102 页）。

有效地管理。同时管理相同事务的不同层级的政府部门，又不得不抽出相当的时间用于协调上下级关系。这就在无形中加大了政府管理的成本"[39]。

表22：某省教育厅高等教育相关管理处室与教育部相关机构对照表

教育部	某省教育厅
办公厅	厅办公室
发展规划司	发展规划处
人事司	干部人事处
财务司	财务处
高等教育司	高等教育处
师范教育司	师资处
社会科学研究与思想政治教育司	社会科学研究与思想政治教育处
科技司	科学技术与产业处
高校学生司	学生处
体育卫生与艺术教育司	体育卫生与艺术教育处
国际合作与交流司	国际合作与交流处
国务院学位办	省学位办
学位与研究生教育司	研究生教育处

注：以上资料详见：www.ec.js.edu.cn/zwgk._nsjg.jsp

表23：某省教育厅与教育部相关部门职责对照表

教育部		某省教育厅	
高等教育司职责	统筹管理各类高等教育，推动各类高等教育的改革与建设；统筹规划、指导各类高等学校的人才培养工作，制定各类高等学校人才培养的指导性文件，指导各类高等学校基本建设和改革；统筹规划各类高等教育质量监控工作，组织高等学校教育教学质量的评估工作。	高等教育处职责	统筹管理全省各类高等教育，规划并指导全省高等教育教学改革；拟定高等教育省级评估标准、教学及教材建设的基本文件，组织和指导对高校办学水平及相关教学业务工作进行评估；负责高校基础教学设施的规划管理工作；指导全省社会力量举办高等学校的工作。

---

39 朱光磊，张志红．"职责同构"批判[J].北京大学学报（哲学社会科学版），2005，1，106．

科学技术司职责	拟定高校自然科学技术发展规划；组织高等学校承担国家重大科技研究项目并指导实施；协调并指导高等学校重点实验室、工程研究中心、重点科研基地建设以及部属高校的科技工作；指导高等学校科技成果转化、高新技术产业化发展以及"产学研"三结合和创新工作；负责教育系统信息化建设；协调教育系统有关版权和专利等方面的工作。	科技与产业处职责	统筹管理高校自然科学研究工作。拟订推动高校科技体制改革和科技产业发展相关政策；负责拟订高校科技工作发展规划和年度计划，并指导实施；组织协调高校开展科技创新、承担国家和省重大科研项目及技术攻关任务；指导高校重点实验室、工程研究中心建设与管理；负责高校科技成果奖励、自然科学基金项目推荐、评审的组织工作；负责高校科技园设立的审核、报批工作；指导、协调教育系统知识产权管理保护工作；指导高校科技成果鉴定、科技成果转化工作。
教育司职责 学位管理与研究生	组织实施《中化人民共和国学位条例》；拟订全国学位与研究生教育工作的改革与发展规划；指导与管理研究生培养和学科建设的有关工作；承担研究生院的设置和国家重点学科的建设与管理工作；承担"211工程"、"985工程"的实施和协调工作。	研究生教育处职责	统筹管理全省研究生教育工作，指导高校和科研单位研究生培养工作。负责研究生课程进修班的管理工作；指导高校重点学科建设，联系高校"211工程"、"985工程"建设有关工作；管理全省高校、科研单位的学位工作；负责学士学位授予单位、授予专业和硕士点、博士点设置的审核、报批工作。

注：以上资料详见：www.ec.js.edu.cn/zwgk._nsjg.jsp

　　正是由于中央与地方政府在高等教育管理上职责重叠，导致了高等教育管理中的一些乱象：一是中央管理职能泛化。由于中央与地方高等教育管理职能未有明确划分，因此，导致中央政府行使着毫无边际的管理权力，只要中央政府想做的事，它均可以涉足介入，地方政府完全没有独立的高等教育管理职能，仅仅发挥着中央政府的执行机构的作用，因此，影响了地方政府的积极性和主动性。二是中央与地方政府在一些管理事务上相互推诿，凡是对自己有利的事争着办，对自己不利的事就互相推诿，因此经常导致管理上的一些缺位和越位现象。如都注重抓经费、抓项目，对一些事关教育均衡、弱势群体扶助的事项则积极性不高，如贫困大学生助学贷款问题多年来一直未能得到很好地解决，和中央与地方政府态度不够积极、工作措施不力不无关系。

　　三是导致地方政府的一些短视行为。由于中央与地方政府权责不清，地方政府对中央政府政策的变化把握不准，因此导致地方政府大量投机行为，如院校升格、盲目扩招、硕博士点的随意增加、大量举办独立学院等等，就是因为地方政府怕政策多变、权力过期作废、错失发展机会等心理的反映。

5.2.2 权力划分缺乏法律依据

通过法律明确中央与地方政府的权责，并通过立法调整有关方面的权力是一切法治国家的通例。二战以后，许多国家都通过法律对政府教育管理作出了原则性的规定，确立了国家教育管理的基本结构和权限范围。特别是西方各国，更是在教育管理过程中实行法律主义，把教育法规作为教育管理的基本依据和前提。[40]如美国战前，受自由主义哲学理念支配，联邦政府对各州教育基本不干预。战后，开始通过立法积极干预各州高等教育。[41]如1944年，通过《军人权利法》，联邦政府开始直接资助高校，并建立奖、贷学金制度；1958年通过《国防教育法》，联邦政府直接支持高等教育的发展；1965年通过《高等教育法》，联邦政府开始资助高校和学生。联邦政府正是通过立法逐步获得更多的高等教育参与权。

法国一直非常重视教育管理中的法治行为。实行法治主义是法国教育的一大特色，通过立法来推行中央政策，明确各级政府在教育管理中的职权是法国政府教育管理法治的重要特点。主要包括：宪法规定教育基本原则，教育法规定教育目标、结构和政策实施等；教育法由教育部主持制定，然后由议会通过、总统公布，最后由教育部负责实施。因此加强了教育法的执行力度和对所有教育组织行为的约束力。[42]

日本尽管近代的教育立法与西方其他国家相比，起步较晚，历史也较短，但其重视教育法治的程度和教育法规之多之细却不逊于西方国家。[43]二战后，日本废除了中央集权的管理体制，实行分权管理，并基本沿用"英美法系"，实行法律主义，即教育方面的有关规定，必须经国会审议通过后才能成为法

---

40 朱成华、郭丹丹.西方国家政府教育管理行为法治化的经验剖析[J].现代教育科学，2003，6：6

41 朱成华、郭丹丹.西方国家政府教育管理行为法治化的经验剖析[J].现代教育科学，2003，6：4

42 朱成华、郭丹丹.西方国家政府教育管理行为法治化的经验剖析[J].现代教育科学，2003，6：4

43 朱成华、郭丹丹.西方国家政府教育管理行为法治化的经验剖析[J].现代教育科学，2003，6：4

律公布实施。1947 年制定了《教育基本法》和《学校教育法》，这两部法律对教育的基本原则作出了规定，并确立了日本战后新学制。此后，又根据其方针，陆续制定了一系列的教育法规。各级政府和学校均依据这些规定进行管理和经营。特别是政府的教育管理行为由于受日本行政管理体制本身发展的影响，更趋向于法治化。

但我国长期以来，未能从法律层面对中央与地方政府的高等教育管理权责做出明确划分，只是以中央、国务院文件或通过部门规章的形式，对有关方面的高等教育管理职责进行了规定。如 1985 年《中共中央关于教育体制改革的决定》和 1993 年中共中央、国务院颁发的《中国教育改革与发展纲要》、1998 年颁布的《高等教育法》，均只从原则上对国务院教育行政部门和省级人民政府的高等教育管理职能做了规定，缺乏可操作性。1986 年 3 月，国务院发布的《高等教育管理职责暂行规定》，首次以行政法规的形式对国家教委、国务院有关部门及省级人民政府的高等教育管理职责做出了较为具体的规定，但由于属于规定性文件，法律效力欠缺，因此在实际执行中往往并未得到严格执行。更多的职能调整往往是以教育部部长令或部门文件的形式发布的，如高职院校专业设置、招生计划的备案和审批，民办二级学院的规范等，审批权限的变更并无法律依据，因此导致中央政策多变、反复，在权力收放上过于随意，给地方政府以管理权限不稳定感。正如有研究者所指出的，"在整个权力转移中，除了 1992 年直属高校曾经有过一个'十六条'的下放权力外，并没有在总体上描绘出一个权力配置转移的框架，特别是将原有中央政府的管辖权进行分解。这正好说明权力的转移的被动性，以及制度创新的不确定性"。[44]由于"政府在一个长达十多年的高等教育制度变迁中，几乎从来都没有受到来自法律的制约，其权力的无限性与随意性导致其他的资源配置主体行为的追随性与短期性"。[45]这也从问卷调查中得到确认，有 31.57%的受调查者认为中央政府"政策随意性太强，依法管理不够"；另有 63.15%的受调查者认为，要加大省级政府对高等教育统筹决策力度，需要"从法律上进一步明确中央与省级政府的权责"。

---

44 康宁著.中国经济转型中高等教育资源配置的制度创新[M].北京：教育科学出版社，2005，304

45 康宁著.中国经济转型中高等教育资源配置的制度创新[M].北京：教育科学出版社，2005，295.

5.2.3 政府职能转换不到位

"政府要转变职能，由对学校的直接行政管理，转变为运用立法、拨款、规划、信息服务、政策指导和必要的行政手段，进行宏观管理"，是《中国教育改革与发展纲要》提出的处理政府与学校关系的基本原则。从国际来看，"由政府控制走向政府监督"是欧美高等教育领域上世纪九十年代以来正在发生的一场管理革命，不少国家对高等教育的管理正在实现从政府控制模式到政府监督模式转变[46]。如德国高校传统的管理模式是国家官僚—教授模式。这种模式的基本特征是，学校与学院一级的管理权限相对薄弱，国家除了全面负责高等教育的教育规划与学校发展战略，还直接负责管理高等学校的财政、人事等等具体事务，并对高等学校全部事务，包括学术事务实行监督。进入 20 世纪下半叶后，这种经典的德国高校管理模式受到前所未有的冲击。90 年代末期以来的德国高校改革，明显加强了高校的"管理"成份，国家决定从高校具体事务的战术考虑上抽身而出，而将自己的工作重点放在事关全局的政治与战略性决定上。1998 年 8 月，联邦《高等教育总法》被第 4 次修订，修订的重点是以绩效为导向的高校财政改革、学习结构改革、质量控制，以及组织制度的"去控制"，将自主规范和处理教学法与研究事务的权利、高校内部自治组织及其机构的设置权利、经费的使用权利等留给了高校。[47]

法国作为中央集权制的代表，自上世纪六十年代以来，开展了三次扩大高校办学自主权的改革，但效果不彰。1988 年 5 月，社会党执政，在教育部长若斯潘的主持下，做出了以大学和国家签订合同的形式分配经费，改革传统体制的决定。"合同制是一种措施，更是一种理念。它改变了大学的功能，要求大学制定主观目标与客观实际相匹配的总体计划和为实现这一计划而必需的合理配套政策，大学的地位因而得到加强。它重新设计了教育部的职能，即不再统一具体管理各所大学，而是通过协商认可地方及大学的标准与计划，协调其实施"[48]。

---

46 法国学者尼夫和荷兰学者范富格特依据政府在高等教育管理中职能的不同，将政府对高等教育的管理分为"政府控制的模式"和"政府监督的模式"。前者具有自上而下、同质化、全方位控制、直接干预的特征；后者具有自下而上、异质性、微弱的有限度的控制、间接调节的特征。

47 周丽华.德国高等教育管理体制改革的新思维[J].华南师范大学学报（社会科学版），2006，8.

48 邢克超.大学发展的一个新阶段——法国高等教育管理十年改革简析[J].比较教育研究，2001，7.

巴西高等教育管理体制深受葡萄牙的影响，是根据"拿破仑模式"组织的，是集权制的"大陆模式"。联邦政府对高等教育的控制很严，直到上世纪 80 年代晚期，巴西的大学在资源管理、人事政策和广泛的学术事务上仍然受到政府的严格约束。但 1988 年巴西重建国家高等教育委员会，并制定新宪法，成为巴西政府与高等教育关系模式的转折点，巴西高等教育管理体制由政府控制模式走向了政府监督模式。新宪法赋予公立大学大量的财政、政治和管理方面的自治权。原则上大学可以自由分配其经费和实施差别工资制；可以创设新的学科和变更课程；也鼓励大学增强其获取额外经费资源的能力。[49]

再看我国，中央政府教育主管部门对高等教育的管理仍习惯于行政审批，管理了许多不该管的事情，致使高校办学自主权迟迟得不到很好地落实，地方管理积极性受到极大地制约。据调查，直属高校反映新体制实施后仍存在一些紧迫问题：一是在研究生招生中，受教育部有关部门的制约较多，无权自主扩招；二是教育部对毕业生的一次就业率统计及派遣时间的规定不合实际，改派学生也要由教育部批，还是计划经济体制的管理方式，高校难以真正执行；三是教育部的专业目录统得太死，完全是指令性，而非指导性，滞后于社会与经济的发展，也不符合教育规律；四是教材、课程管理方面的统一模式，组织编写大量统编教材，并以行政方式推销教材，有些课程课时数、课程数等完全定死，不利于教师积极性的发挥；五是在设备及基本建设管理方面计划经济的痕迹太浓，管得太繁琐、太微观，如实验设备报表要求太细，资产报表太急；直属高校的基建立项全部要送教育部报批，等等[50]。

从地方政府的角度来看，亦是如此。许多应由省级政府进行的管理工作，如专业设置、招生计划的编制、硕士点的增设等，都由中央政府承担。由于中央政府管得太多、太细、太微观，因此运用立法、拨款、规划、信息服务等手段进行宏观管理明显不足。因为"教育行政资源，如权力资源、信息资源、人力资源和物质资源在一定时期内总是有限的，因而教育职能也总是有限的。政府教育职能的'越位'必然造成政府职责的'缺位'——既然政府将有限的教育行政资源配置到不该配置的职能上去，另一些应该配置的职能

---

49 蒋宏池.巴西高等教育现代化策略研究[J].复旦教育论坛，2006，1.
50 同济大学改革与发展研究室.教育部直属高校管理的现状及对策研究[J].同济教育研究，2001，3.

就难免被弃置"[51]。就立法来说，迄今为止只有一部《高等教育法》,《学位法》已呼吁很久，但迟迟没有出台；其它如《民办教育促进法》、《职业教育法》配套法规迟迟没有出现，致使如民办教育投资回报、资产过户等一系列实际问题在实践中解决起来非常棘手，规范管理困难。再如拨款手段的运用，也很欠缺。目前财政拨款并未与高校办学效益、评估结果很好挂起钩来，办好办坏一个样的局面并没有得到根本改变。利用中央财政转移支付促进高等教育均衡发展的功能发挥得也不够好，薄弱高校、西部地区高校从中央得到的经费较为有限。国家对贫困生的助学贷款、资助政策也不够有力，致使贫困生入学的"绿色通道"并不顺畅；高等教育规划、信息服务工作也较薄弱，未能体现地区、行业、科类、层次的差异。上述问题从问卷调查中得到印证，有 89.47%的受调查者认为，中央政府对高等教育"划一管理较多，因地制宜、分类指导不够"，另有 63.15%的受调查者认为加大省级政府对高等教育统筹管理，需要中央政府"加大中央财政转移支付力度"。

5.2.4 管理机制不健全

随着高等教育管理权力的下放，政府职能的转变，地方政府对区域内高等教育的统筹管理显得越得越重要。但目前省级政府加强对区域内高等教育管理还存在机制上的一些障碍。

1、省级政府部门之间不协调

一是事权与财权的分割。作为地方高等教育事业管理的教育主管部门与财政管理部门在高等教育经费安排上往往难取得一致。教育主管部门常常因为经费不落实，致使许多想开展的工作无法进行，特别是不能通过拨款的手段调控、规范高校的办学行为。如对高校办学水平的评估及其他各种单项评估，评估结果不能直接与拨款挂钩，因此，影响了评估的效力；还有诸如高校重点学科、重点实验室、实训基地等科研教学平台的建设，也由于经费的原因无法开展。由于教育主管部门无力开展一些重大的、事关高等教育发展全局的工作，因此，只能从事一些琐细的、事务性的工作，进而影响了政府职能的转变。

---

51 伍运文.论研究生教育之政府职能的"越位"与"缺位"[J].中国高教研究, 2006, 5.

　　二是事权与人事权的分离。表现在两个方面：一方面是高校领导干部的配备。按照目前的干部管理体制，高校班子主要由地方党委组织部门负责，教育主管部门一般只是参与对高校后备干部的考察，在领导人选确定方面并无多大发言权。但组织部门在配备干部时，更多的是将其作为一种行政职位来考虑，考虑干部安排因素多，考虑高校工作特点少，因此，在实际用人时，经常从行政机关或地方政府选派一些不太适合高校领导工作的人担任高校领导职务，给高校管理工作带来一定困扰；另一方面是高校人才引进、职称评审。这是事关高校队伍建设的两个重要方面，也是高校意见最大的两个方面。这方面工作一般由地方人事部门负责。高校常常反映，一些地方人事部门在高校人才引进方面，审批环节多、手续烦琐，致使高校急需的人才迟迟难以引进，影响到高校教学科研工作的开展；在职称评审方面，也存在评审标准机械死板、论文重量不重质、评审程序不严谨等问题，对教师产生了不好的导向。还有一些重点建设高校无高级职称评审权，不利于高校建立灵活的教师职务晋升制度。

　　三是地方高校管理体制上的不顺。上世纪九十年代后期进行的高等教育管理体制改革，较好地解决了部、委属高校的管理体制问题，除了少数特殊性质的高校仍保留给原主管部门管理外，多数高校已下放地方政府或转由教育部管理。但在一些地方，高校多头管理的问题还未得到很好解决，有的高校仍由行业主管部门管理，或由地市级政府管理。致使教育主管部门对这些高校统筹困难。

2、管理方式单一

　　目前，多数地方政府依然仅靠行政管理部门自身的力量，通过行政手段实施对区域内高等教育的管理，社会中介组织极不健全，以高等教育评估机构为例，目前仅有江苏、上海、辽宁、广东、广西、黑龙江、云南等省市成立了相应机构，多数省市仍然是由当教育教育主管部门直接操作评估事宜，社会参与高等教育管理的程度很低。这种局面与社会主义市场经济发展、政府职能转变形势及国际高等教育管理改革趋势很不相适应，极不利于地方政府对区域内高等教育的统筹管理。

　　从西方发达国家情况来看，都很注意发挥社会中介组织的作用。特别是20世纪80年代以后，西方诸国为了解决政府的财政赤字、管理的合法性危机及行政效率低下的问题，纷纷进行行政改革。改革的共同趋势是，"简政放权，把有限的政府资源用于最必须的方面，提高工作的效率与权威，同时发挥非政府组织在社会生活中的作用，由它们负担某些原来由政府承担的责任。"[52]在这种背景下，教育中介组织的角色产生了"革命性的"转换——由社会参与教育的重要形式转换为平衡政府与学校、政府与市场之间关系的"半自治非政府组织"，[53]开始承担越来越多的教育管理职能。

目前，西方教育中介组织按其独立程度可分为两种类型：第一类是半官方型。代表性的机构有英国的"大学拨款委员会"、法国的"国家评估委员会"以及美国的"州协调委员会"等等；第二类是民间组织型，这种类型组织的代表有美国的"教育认证机构"、"卡内基高等教育委员会"等等。[54]按其功能可分为四类：第一类是评估型教育中介机构，如英国的"高等教育质量委员会"，荷兰"大学协会"和"高等职业教育学院联合会"等，主要对高校专业或整体办学进行评估；第二类是拨款型教育中介机构，如英国的"大学拨款委员会"、我国香港的"大学和理工教育资助委员会"等，负责高校经费分配；第三类是咨询型教育中介机构，如日本的中央教育审议会、美国的卡内基高等教育政策委员会等，主要为政府的教育决策服务；第四类是人才、信息交流中介机构，主要是为了克服市场经济条件下存在的信息不对称、不完整现象，减少交易成本，促进"人尽其才"、"各取所需"。[55]这些中介机构作为"缓冲组织"（buffer organization）在协调高等教育内部以及高等教育与中等教育、政府与社会的关系方面发挥着多种功能。

教育中介组织在我国出现的时间不长。20世纪80年代，随着政府职能的转变及学校办学自主权的逐步扩大，教育中介机构在我国应运而生。1994年，国务院颁布了《中国教育改革与发展纲要》，其中明确提出，为了保证政府职能的转变，使重大决策经过科学的研究与论证，要建立健全社会中介组织，包括教育咨询决策研究机构，高等学校设置与学位评议与咨询机构，教育评估机构，资格证书机构，发挥社会各界参与教育决策与管理的作用。经过近20年的发展，教育中介组织得到一定程度的发展，特别是国家教育

52 信春鹰、张烨.全球化结社革命与社团立法[J].法学研究，1998，3.

53 周光礼.论中国政府与教育中介组织的互动关系：一个法学的视角[J].北京大学教育评论，2006，3.

54 周光礼.论中国政府与教育中介组织的互动关系：一个法学的视角[J].北京大学教育评论，2006，3.

55 初浩楠.我国高等教育中介机构的组织发展分析[J].高等教育研究，2008（29）12，36.

主管部门建立了一系列与决策咨询、评估认证等相关的事业单位，如教育部教育发展研究中心、教育部高等教育教学评估中心、教育部学位与研究生教育发展中心、教育部考试中心、教育部留学服务中心、教育部大学毕业生就业指导中心、全国高校设置评议委员会等，此外，还成立了一批与本科和研究生教育相关的教学指导委员会，在课程建设、师资培训方面发挥较大的作用。

但从各地情况来看，对建立中介组织重要性的认识还不到位，积极性不是很高。一是中介组织发育不全。目前仅有部分省市建立了教学评估机构和大学生就业指导机构，其它方面的中介组织较少；二是中介机构力量薄弱，受编制等因素的限制，不少中介机构人员有限，尤其是缺乏高层次、高水平的研究人员，因此工作主要起到组织实施的作用，研究能力不强，专业化程度不高；三是独立性欠缺，多数中介组织作为主管部门的附属物而生，有的甚至是与相关职能部门"一套人马，两块牌子"，这种形式的教育中介组织只是政府行政权力的延伸或部门翻牌的载体，官方色彩太浓，明显存在"二政府"之嫌。以某省教育评估院与省教育厅的关系为例，"该评估院性质是'省教育厅直属事业单位'，规定职能是'具有教育评估资格，在政事分开的原则中，独立实施评估，并对评估结果负责'。但实际运行是该省教育厅对教育评估院的人、财、物等各方面实行全面控制，无论是干部任免还是人才流动，都与教育厅各职能处室完全一样；评估院资金主要来源于教育厅划拨的启动经费与评估项目拨款；评估院的评估项目主要来自教育厅各处室，并且评估方案与专家组的组成是教育厅各处室和评估院协商的产物，评估院无法根据自己的实际情况进行决定。评估结果也需教育厅审定后才能公布。评估院人员在整个评估活动中一般只能充当联系人，做一些基础性的资料工作"。[56]四是缺乏相应的法律保障，致使评估机构的主体性质、服务客体难以界定，审批程序、收费标准、监督体制无法确立。

由于中介组织不健全，因此，地方政府对高等教育的管理存在以下几方面突出问题：一是直接的、微观的管理过多，对区域内高等教育的宏观管理、统筹管理不够，一些地方长期没有高等教育发展战略规划，对高校、专业设置布局没有通盘考虑，导致高校地区、科类、层次布局结构不合理，专业设

---

56 初浩楠.我国高等教育中介机构的组织发展分析[J].高等教育研究，2008（29）12，37.

置重复、与当地经济社会发展脱节等等；二是决策随意性大。一些地方对涉及高等教育发展规模、院校合并、研究生教育发展规划等重大问题的决策，往往没有经过专家组织的充分调研论证，就凭长官意志草率做出决策，结果给当地高等教育健康发展带来一些后遗症，甚至造成一些不稳定因素。如前些年一些地方高校合并后不久又出现分离现象，近期某些省份新增博士学位授予单位规划立项不当出现的上访、罢课事件等，都是由于地方政府对某些问题决策不慎所导致的。三是管理效益低，交易成本加大。由于未能借助社会中介组织，教育行政部门限于自身管理力量和水平，开展的许多业务工作，其效率是值得怀疑的。如近些年，各级教育主管部门开展了不少高等教育质量工程等项目建设，每年评选了许多精品课程、特色专业，但项目立项以后，实际建设成效如何就是一本糊涂账。再如一直受人诟病的高校评估，由于多由教育主管部门直接操作，因此，造成高校数据造假、大做表面文章，不仅降低了评估的公信力，也加大了高校的负担。正如有研究者指出的，"只要是政府介入的直接评估，与主管者有千丝万缕利益关系的被评估者的行为多多少少都存在机会主义的倾向。政府组织的直接评估越滥，学校行为的错位就越严重"。[57]由于政府的特殊地位，作为公共领域的代理角色，介入评估会使整个评估成本无法计量。上述情况从问卷调查中也得到了说明，有 63.15%的受调查者认为省级政府对高等教育"管理方式陈旧，发挥社会中介组织作用不够"，另有 68.42%的受调查者认为，省级政府"部门之间协调不够，难以形成合力"。

5.2.5 传统管理体制的路径依赖

如上所述，新高等教育管理体制改革在中央简政放权、加强省级政府统筹管理能力等改革方面没有很好地达到预期的目标，除前面几条原因，"主要是我们的高等教育改革存在着严重路径依赖，一次次的改革，一次次的自我强化，没有突破，继续在低效率的制度环境中运行"。[58]何为路径依赖？新制度经济学家诺斯将其简单的概括为：起点与所走的道路，将决定未来的选择。[59]这有两层涵义：一是初始的体制选择会强化现存体制，使之形成一定的

57 康宁著.中国经济转型中高等教育资源配置的制度创新[M].北京：教育科学出版社，2005，229-230.

58 季飞.中国高等教育管理体制改革的路径依赖[J].理工高教研究，2010（29），3.

59 张军.书里书外的经济学[M].上海：上海三联书店，2002，128.

惯性，因为维持原有体制变总比另辟蹊径要来的更快、更方便。二是一种体制形成后，会在现存体制中形成某种利益压力集团。他们希望巩固现有的制度，阻碍任何改革，即使新的体制比原有的体制更有效率。部分人即使由于某种原因接受了某方面的改革，也会努力使变革朝有利于巩固和扩大他们的既得利益方向发展。因此，初始的改革倾向于为后来的改革划定范围。[60]

路径依赖理论很好地解释了新高等教育管理体制改革艰难推进的深层原因。新中国成立初，按照前苏联模式建立起来的中央集权、条块分割的高等教育管理体制，经过几十年的运行，已深入到人们的思想观念和实践行为之中，已转化成人们的"集体无意识"。现行管理体制是人们最熟知的，人们都已习惯其运作方式，特别是各级教育管理部门对计划经济体制下的行政管理方式熟谙于心，运用起来得心应手。一旦要对长期以来实行的管理模式进行改革，转变管理方式，强化宏观管理，就显得不那么自信了，因为有些工作方式是我们原来不熟悉的，如信息服务、培育社会中介组织，或在现实环境中实行起来比较困难的，如运用立法、财政的手段等，因此一些管理者还是觉得运用行政干预的手段最简便易行，而不愿轻易放弃；另一方面则是利益的羁绊。的确，在现行体制下，形成了改革的利益压力集团。这往往是改革的最大的阻力所在。因为，改革实质上就是利益的调整。改革长期实行的体制，出台各种新的管理制度和政策，必然会损害到这个利益群体的既得利益，按照'理性人'的假设，每个'理性人'都试图使自己的利益最大化，因此，利益集团的成员非常不情愿接受这种触及他们利益的改革。他们希望沿着原有的路径进行变革或是阻碍变革的推行。[61]一部分教育管理者对目前手中掌握的权力看得很重，生怕改革导致手中的权力的丧失或削弱，因此对改革表现得不热心，抱持消极的态度。因此，使得中央简政放权很难推进，特别是涉及高校设置权、专业设置权、招生计划权、学位授予单位和博、硕士点审核权等关键权力，尽管从上世纪九十年代以来中央在多个重要文件中均提出要放权给地方或高校，但有关部门就是不积极配合，迟迟不愿下放这些权力，或在放权的同时，都要留下尾把，加上诸多限制词，如"按有关规定"，"按照国家标准"等，放权很不彻底，因此，使得省级政府对区域内高等教育的统筹能力大打折扣。

60　季飞.中国高等教育管理体制改革的路径依赖[J].理工高教研究，2010（29），3.

61　季飞.中国高等教育管理体制改革的路径依赖[J].理工高教研究，2010（29），3.

　　总之，影响"两级"高等教育管理体制良性运转的原因是多方面的。关键是未能从法律上对中央与省两级政府高等教育管理职能进行清晰界定。因此，导致中央对地方、政府对高校管理权力收放随意，从而带来许多管理上的短期行为。另外，传统管理体制的路径依赖也是制约改革顺利推进的重要原因。

6 理顺高等教育管理中中央与地方关系的对策思路

"两级管理，以省管为主"高等教育管理体制已行之有年。从多年来的运行情况来看，既有成功的经验，也有改革不到位、需进一步完善之处。本章拟结合我国实际情况，并参诸发达国家高等教育成功管理经验，对进一步健全我国高等教育管理中的中央与地方关系提几点思路和对策性建议。

6.1 明确中央与省级政府高等教育管理职责

明确职责是分级管理的前提要求。职能重叠是我国高等教育管理体制的固疾所在。为理顺中央与地方的关系，需对中央与地方的高等教育管理责任进行明确的划分。责任划分的依据主要是坚持两个原则：一是效率原则，凡是省级政府能办好的事务就不上交中央政府，中央政府只处理省级政府难以处理和处理不了的问题；二是受益范围原则，即由公共品的外部性来确定。外部效应覆盖全国或多个省级行政区域的公共品供给应该主要由中央政府承担，外部效应覆盖仅限于省级行政区域内部的公共品供给则应该主要由地方政府承担。"在配备职权时应遵循业务同类和职责权相称原则，尽可能将职权做整体划分，改变以往那种对等分配、总量分割的划分方式，使它们有各自专门的管辖领域，并在各自的管辖范围内拥有全部的权力"[1]。据此，在综合考虑历史、现实和国际改革趋势等因素的基础上，可对中央与地方高等教育管理职责作如下划分：

1　陈瑞莲主编.区域公共管理导论[M].北京：中国社会科学出版社，2006，166.

6.1.1 中央政府的高等教育管理职责

高等教育作为一项国家事业，离不开国家的管理和指导。连向来对高等教育很少介入的美国、德国等联邦制国家，在二战以后，联邦政府也以财政资助等间接方式逐步加大了对高等教育干预力度。我国作为单一制发展中国家，高等教育总体水平尚较落后，且各省（区、市）之间差距很大，高等教育要想在较短的时间内赶上发达国家的水平，并实现地区之间的均衡发展，没有中央政府的统筹管理、有力领导是不可想象的。因此，我国高等教育管理体制无论如何改革，都不能削弱中央政府对高等教育的领导和管理。但在我国市场经济体制改革和财税体制改革的大背景下，原有高度集中的高等教育管理体制必须改革。改革的基本原则就是"简政放权"，中央政府必须从繁琐的具体项目审批工作中解脱出来，要从"全能政府"到"有限政府"，由"划浆者"转变为"掌舵人"[2]，真正履行起制定国家大政方针、"宏观管理"的责任。"只要政府把重点放在制订发展规划等大方向上，同时注重维持专业人员的质量，并且通过权力重心层层下移的协调形式——权力重心按层次的不同，依次从政府向教师偏移的管理模式——来监督这个系统，政府的引导最终将发挥效力。"[3]据此，可对中央政府高等教育管理职责作如下界定：

1、负责全国高等教育发展战略规划的制定

制定发展规划，增强教育发展的可控性和预见性是我国上世纪九十年代以来形成的促进教育发展的行之有效的经验。1993 年颁布的《中国教育改革和发展纲要》和 1999 年开始实施的《面向 21 世纪教育振兴行动计划》对九十年代末和世纪之交的我国教育的改革与发展产生了极其巨大的促进作用。自 20 世纪 80 年代以来，为迎接 21 世纪的挑战，尤其是国际人才竞争的挑战，一些发达国家也很重视高等教育发展战略的制定，如美国总统和 50 个州长于 1989 年联手召开了美国教育史上史无前例的"教育首脑会议"，并提出了"六项全国目标"，由此开始了美国联邦政府对教育改革和发展的强烈关注。1990 年，美国劳工部成立了一个由专家、学者和企业家组成的"获取必

2　李广海、冯景波.高等教育质量保障体系建设中省政府权力配置重构——基于现代大学制度的视角[J].辽宁教育研究，2008，8.

3　伯顿·克拉克著，王承绪等译.高等教育系统[M].杭州：杭州大学出版社，1994，294.

要技能部长委员会"（SCANS）。SCANS 在深入调研基础上，发表了《21 世纪美国对学校的要求》的调查报告，提供了对国家调整劳动力市场、指导就业培训的咨询意见。该报告被视为迎接 21 世纪挑战、发展美国教育事业的纲领性文件。1998 年，美国联邦教育部制定公布了《1998-2002 年教育战略规划》，旨在体现"放眼全球，着手地方"的行动原则，主要提出了 7 个优先目标。2001 年又发表了《2001-2005 年战略规划》，确定了 4 个战略目标。由于"9.11"事件的发生，美国教育部根据新的国际和国内形势对《2001-2005 年战略规划》进行了修订，并于 2002 年制定出《2002-2007 年战略规划》，提出了 6 个发展目标。[4]

英国在上世纪八十年代发表了一系列带有战略规划性质的文件和报告，较有影响的如英国教育和科学大臣、苏格兰国务大臣、威尔士国务大臣和北爱尔兰国务大臣于 1985 年 5 月联合向议会提出的《20 世纪 90 年代英国高等教育的发展》的绿皮书和 1987 年 4 月提出的《高等教育——迎接新的挑战》的白皮书。这两份报告对英国上世纪九十年代高等教育发展的目标、入学原则、继续教育、提高高等教育质量和效率、多科技术学院管理体制改革等重要问题进行了全面阐述，对上世纪末英国高等教育的改革与发展产生了深远影响。[5]2002 年，英国教育与技能部发布了《传递结果：到 2006 年的战略》，全面勾画了 2002-2006 年的英国国家教育战略框架。文件从战略目标、具体目标和指标性目标三个层面上，对英国国家教育战略作了详尽的描述与阐释。[6]

法国政府 1990 年开始实施"U2000 计划"，即"2000 年的大学计划"，主要目标是增设高等学校，投资高等教育基础设施建设，以适应规模增加的需要。2000 年开始实施"U3M 计划"，即"第三个千禧年的大学计划"，主要目的是增加教育资源，提高教育质量，推动科学研究，确保高等教育能够对国家（地区）的经济社会发展做出更多的贡献。[7]

4　中国教育与人力资源资源问题报告课题组.《从人口大国迈向人力资源强国》[M].北京：高等教育出版社，2003，183-186.

5　王承绪、徐辉主编.战后英国教育研究[M].南昌：江西教育出版社，1992，336—348.

6　中国教育与人力资源资源问题报告课题组.从人口大国迈向人力资源强国[M].北京：高等教育出版社，2003，189-191.

7　范文曜，马陆亭，杨秀文.法国和意大利高等教育管理体制调研报告[J]，理工高教研究，2005（24），5

日本文部科学省于 2001 年颁布了《国立大学重建方针》和《30 所一流大学计划》。前者提出了大学重建的三条原则，后者提出将为 10 个学科领域挑选出 30 所学校，作为"优异中心"的候选者，或者作为一个享有国际声誉的标准机构。文部科学省还向国会提交旨在振兴日本教育的《21 世纪教育新生计划》。[8]

俄罗斯作为经济转型国家的典型代表之一，在 21 世纪初期相继公布了一些带有指导性的政府决议或文件，如《关于教育兴国思想的决议》（2000）、《俄罗斯联邦 2001-2005 年教育领域科学、科学技术和创新政策的构想》（2000）、《2010 前俄罗斯教育现代化构想》（2001）等。[9]

韩国于 2001 年 12 月制定出台了《人力资源、知识、新起飞：国家人力资源开发战略》，明确提出到 2005 年，韩国的人力资源竞争力要跻身世界前 10 名。

上述动向揭示了发展战略制定在国家教育主管部门工作中的地位。我国作为社会主义国家，历来有重视教育发展计划的传统。但随着我国社会经济的转型，当代科技的快速发展，和国际社会的急剧变革，高等教育发展面临一系列新问题，需要从国家层面进行认真研究、统筹规划，并提出积极的应对措施。因此，国家更应重视带有工作指导性的宏观战略的制定，而不应限于眼前的、具体的工作计划的制定。配合国家中长期社会经济发展规划的制定，组织力量制定我国相应时期高等教育发展战略规划，应成为中央政府教育主管部门的重要职责之一。具体来说，"十二五"期间，国家教育主管部门要根据《国家中长期教育改革和发展规划纲要（2010-2020）》及《国家中长期科学和技术发展规划纲要（2006-2020 年）》《国家中长期人才发展规划纲要（2010-2020 年）》，认真制订好十二五高等教育发展规划及分门别类的专题规划，如东、中、西部地区高等教育发展规划，重点高校建设规划，高层次人才队伍建设规划等，对影响高等教育发展的一些关键问题进行深入的研究和分析，提出明确的发展目标和内涵，建设路径等，为高等教育的改革和发展绘制路线图，并提出时间表。规划的制订一定要体现"分区规划、分类指导"的精神，发展目标、建设内容、

8　中国教育与人力资源资源问题报告课题组.从人口大国迈向人力资源强国[M].北京：高等教育出版社，2003，191.

9　中国教育与人力资源资源问题报告课题组.从人口大国迈向人力资源强国[M].高等教育出版社，2003，194.

保障措施都要体现地区差异和层次、类型差异，做到各地、各级各类高等教育均衡协调发展，克服一刀切、一个标准的现象。

2、负责高等教育法规体系建设

立法是发达国家政府对高等教育干预的主要形式之一。美国联邦政府从19世纪中叶开始就以立法的形式介入各州高等教育事务，1862年通过的《莫雷尔土地赠予法》推动了美国州立大学的发展；1944年颁布的《军人再适应法》使得大量复员军人因得到联邦资助而进入高等学校，从而导致了高校的空前繁荣；1958年通过的《国防教育法》是美国教育立法的一个里程碑，它授权联邦政府以各种渠道资助高等教育；1964年颁布的《民权法》进一步加强了联邦政府在教育领域中的地位和作用。总之，美国战后对教育的历次重大改革，都是在教育法精神和原则的推动和保障下进行的。

英国也高度重视教育立法工作，英国政府通过高等教育立法确立投资的范围和重点，而且在国家发展的不同时期，政府还按照市场经济发展的不同要求进行适宜的立法，加强对高等教育的控制和管理。

我国高等教育法制建设还较滞后，法规体系很不健全。目前，在高等教育管理的许多方面，还处于"无法可依"的局面，这种情形与我国社会经济发展形势很不相适应，离依法治教、依法办学的要求还有较大差距。党的十七大提出了建设法治国家的要求；经过多年改革，我国教育领域原有的社会关系格局和利益分配机制都发生了改变，新的利益机制对教育政策法律的调整内容及其方法都提出了全面的挑战。因此，加强高等教育立法工作，进一步完善高等教育法规体系，应成为中央政府（经由全国人大）的主要职能。对高等教育来说，"教育政策法律调控的迫切任务不仅在于设计政府、市场和学校之间权责系统的最优结构，规定各方面关系的基本原则，明确划分不同主体的职能，而且还应研究教育运行过程中的各种具体的关系和行为，在教育运行的每个环节上完善法律调节的形式和方法。应当运用法律的手段，明确规定学校、政府和市场的权力配置，应当区别学校举办者的举办职能、学校办学者的办学职能和政府的管理职能"[10]。中央政府应通过全国人大针对高等教育的不同层次、管理的不同方面完善立法，加大依法治教、依法办学

---

10 中国教育与人力资源资源问题报告课题组.从人口大国迈向人力资源强国[M].北京：高等教育出版社，2003，346.

的力度。当前亟需出台的是《学位法》、《高等学校法》、《教育行政法》、《教育拨款法》等法律。

3、负责高等教育均衡发展并促进教育公平

促进高等教育区域均衡发展，建立贫困大学生资助体系、促进教育公平是中央政府义不容辞的责任。经过近三十年的努力，我国高等教育获得了快速发展，现已进入高等教育大众化阶段，越来越多的适龄青年得以进入高校学习。但与此同时，由于我国地区之间经济和教育发展水平的差异，导致我国不同地区高等教育发展的不均衡，并引起高等教育入学机会的不均等。一般来说，东部地区高等教育较发达，高等教育办学水平、普及程度较高，而中西部地区相对来说，高等教育发展较滞后，高等教育总体水平不高，高等教育毛入学率偏低。这种局面与我国建设高等教育强国、人力资源强国的目标不相称，也与提高我国综合国力、建设社会主义和谐社会的要求很不相适应。

为扭转这一形势，缩小地区之间的差距，扶持高等教育弱势群体，中央政府必须做出两方面努力：一是通过中央财政转移支付的方式，进一步加大中央政府对中西部地区高等教育的投入力度，扶持落后地区高等教育发展。目前，《国家中长期教育改革和发展规划纲要（2010-2020 年）》（以下简称《纲要》）已提出这方面思路，要求设立支持地方高等教育专项资金，并实施中西部高等教育振兴计划，加大中央财政转移支付，支持农村欠发达地区和民族地区教育事业发展。[11]

二是要努力完善贫困生资助体系。对于贫困生的资助，近年来取得了一些成绩，但还存在不少问题。突出表现在对贫困生的资助力度太低。我国现行的学生资助体系虽然有奖、贷、勤、补、免等多种资助方式，但实施情况很不理想。对各类贫困学生而言，助学贷款实际上是其获得资助的主要来源。这与美国大学生资助形成了鲜明对比。美国的大学生资助，是以联邦政府为主，除了学生贷款，联邦助学金发挥了重要的作用。尽管自上世纪 80 年代以来，学生贷款数量有了大幅攀升，甚至超过了助学金的数量，但是，联邦助学金仍是贫苦学生获得资助的首要选择，并一直占联邦资助总量的三分之一以上，最高时甚至可以满足贫苦大学生大学费用的 80%。[12]而在我国的大学生

---

11 教育部高教司理工处.国家中长期发展规划汇编（内部学习资料）.2010，P22.

12 张斌贤主编，杨克瑞著.战后美国联邦政府大学生资助政策研究[M].北京师范大学出版社，2008，282.

资助体系中，国家政府的助学金力度还不够大。因此，须从根本上完善我国的高等教育财政体系，加大对贫困学生资助力度。要破除目前这种"见物不见人"的国家高等教育财政体制，通过财政手段来切实维护国家的教育公平。《纲要》已提出要完善普通本专科高校家庭困难学生资助政策体系，并设立研究生国家奖学金，资助经济条件困难的研究生顺利完成学业。[13]

4、建立加大地方对高等教育财政投入的监督和制约机制

地方政府财政投入不足是我国地方高校经费不足的重要原因。1997 年至 2008 年，全国有 17 个省份地方高校生均财政预算内拨款不升反降，其中有 8 个省份的高等教育支出占地方财政支出的比例持续下降。[14]出现这种情况，一方面与近年来我国高等教育规模扩张过快、地方财政支出压力加大有关，另一方面也反映出一些地方政府对当地高等教育的发展认识不到位、重视支持程度不够。总体来说，近些年，地方政府财政性教育经费先是主要投向义务教育、后又向中等职业教育集中，因为，这两方面教育国家有明确发展目标要求，因此地方政府有较大投入压力。而高等教育的发展，国家则无明确目标及投入要求，因此，在地方政府议事日程上总是排不上位，不少地方政府就抱着应付的态度，不愿在高等教育上多投入。因此，为保证地方财政对高校的投入，有必要建立相应的机制，对地方高校的财政投入水平进行监督。中央要组织研究制定地方高校生均经费标准，但在制订经费标准时可适当考虑地区差异。要加强对地方高等教育投入的审核，并将各地投入状况与中央财政转移支付和来年招生计划挂钩，以督促地方政府加大对高等教育的财政投入，确保达到基本办学标准。同时，要督促地方政府改善对高校的财政投入结构，在提高生均拨款标准的同时，加大专项经费比重，增加专项经费支出。

5、负责高等教育标准制订工作

我国作为一个幅员辽阔、各地差异显著的大国，高等教育保持丰富多样是必然的。但与此同时，作为单一制国家，为保证高等教育的基本质量和规格，高等教育应有基本的统一标准和规范。这方面工作毫无疑义应由中央政府来承担（法国、俄罗斯、印度等国家中央教育主管部门均承担高等教育标

---

13 教育部高教司理工处.国家中长期发展规划汇编（内部学习资料）.2010，P22.

14 赵应生、洪煜、钟秉林.我国高等教育大众化进程中地方高校经费保障存在的问题及对策初探。内部稿

准的制订职能）。一是高校设置标准。各级各类高校设置都应有明确的标准，并根据经济社会发展，不断对标准进行调整。目前高职院校、本科高校设置标准已经出台，但可操作性还需提高。二是研究生培养机构设置和学位点增列标准。包括研究生院的设置和博、硕士学位授予单位及学科点的确定。三是对各类高等教育机构及通用学科、专业的评估标准。四是人才培养指导性学科专业目录。另外，中央其他行业部门也要加快转变职能，制订各种行业从业标准或岗位技能标准，以增强高校人才培养的针对性。

6、负责全国高等教育信息收集和发布工作

随着高等教育在国家经济社会生活中的地位日益突显，社会对高等教育的关注度越来越高。高等教育利益相关者越来越需要了解高校的办学情况。但高等教育的专业性很强，这就意味着在其"生产者和消费者之间存在较大的信息不对称。处于信息劣势一方的消费者由于产品的相关信息的获取成本较高，若在市场中得不到低廉、准确和权威的信息，就很难有效地防止自身盲目消费和生产者的机会主义行为"[15]。因此，克服高教市场信息不对称应该成为政府管制的主要内容，在这方面，中央政府尤其要发挥重要作用。除了直接提供一些高校办学信息外，还可以通过政策等手段的引导，逐渐培育一些具有公信力的信息服务中介机构。通过这些中介机构每年发布全国所有高校和研究机构的权威信息，以供校方、学生及市场参考。如国外一些权威媒体机构所做的大学排名，就很好地起到了信息提供的作用，为学生和家长的选择提供了很好的参考，同时也为相关市场中的主体提供了有效、低廉的信息服务。近年来，我国一些机构开始做了一些大学排名工作，但由于缺乏政府的引导和有力指导，在实际工作中产生了一些负面影响，致使其权威性、公正性受到社会的质疑。今后，中央政府应加强这方面的工作，通过各种途径，向社会提供高等教育的权威信息，满足社会各方面对高等教育的知情权。

7、直接举办和管理少量高等学校

为追赶世界一流大学水平，建设若干所世界知名的高等学校，同时对少量行业特征明显、地方不便管理的高校，由中央政府进行直接投资和管理是

---

15 张伟、任建明.我国高等教育体制改革方向与政府角色定位问题研究[J].清华大学教育研究，2006，3.

必要的。但从目前的情况来看，中央政府直接管理的高校达 100 余所，数量上仍嫌过多。由于中央政府直接举办和管理高校过多，一方面加大了中央政府财政投入的压力，并带来了管理上的极大困难，另一方面，也加剧了地区之间的不公平，拉大了东、西部高等学校之间的差距。同时由于重点建设高校过于分散，不利于中央政府集中财力投入、加大对若干所高校的经费支持力度，因而在一定程度上减缓了我国创建世界一流大学的进程。因此，中央政府应进一步减少直接管理高校的数量，将那些行业特征不明显的高校下放当地管理，这样既可以调动地方政府发展高等教育的积极性，也可以使中央政府拿出更多的财力用于扶持中西部地区高校，并加大对贫困学生的资助，从而促进高等教育的均衡发展和教育公平。另外，中央政府也要进一步转变对直接管理高校的管理方式，减少对高校的不必要的干预，扩大高校的办学自主权。

上述职责划分也得到了问卷调查数据的印证。受调查者对中央政府的高等教育管理职责提出了以下建议：

（1）区分责任和授权，中央不宜管理得过细。加强中央宏观调控与引导，加大省级管理权限；应将具体管理工作下放给省级管理，充分发挥省级的作用，减少各种具体事务由教育部一竿子插到底的工作方式。

（2）理顺体制，教育部以制订教育发展战略为主，教育部不再直接管理高等学校。在教育部指导下，由各省级人民政府管理高等学校。

（3）中国地域广阔、情况千差万别，应鼓励地方从实际情况出发制定政策，国家加大宏观管理与监督。高等教育发展应充分结合地方经济社会发展，突出地方特色。

（4）减少对直属高校的直接管理项目；中央应加大对地方高校的投入，对地方高校在各种项目立项或专项上予以倾斜。否则，难以体现教育的公平性。

（5）减少发达省市部属高校数量，适当增加边远地区部属高校数量；

（6）中央应对全国高校生均拨款规定最低标准，保证基本的办学经费。

当然，中央教育主管部门职能的转变，特别是涉及与地方政府权力的划分，不宜由中央教育主管部门自行裁定，而应由一个具有更高权威的机构来推动。这个更高的权力部门，可以是国务院，或全国人大，或中共中央，也可以是由上述权力部门以及社会各界组成的特别委员会（如 20 世纪 80 年代日本的临时教育审议会之类）。这是由历次改革经验所决定的。据研究，从改革开放以来高等教育办学体制、管理体制等项分类体制所属的权力走向来看，"多数由中央转移到学校的权力是由中央直接宣布的结果，而已放到省一级的权力大多也是中央的决定"。[16]而以往的某些改革，由于没有明确改革的主体，特别是没有更高权力部门来承担改革的主体，因此，我国高等教育管理体制改革，实际上就可以被理解为教育行政主管部门的自我改革，也就是"自己改自己"。[17]在既有体制框架下，教育主管部门根本就缺少自我改革的动力，也没有自我改革的理由。因此，导致了 20 世纪 90 年代中期以后改革目标的严重偏移。为确保改革不偏离方向，高等教育管理体制改革的主体，必须由教育行政主管部门之外的权力机构来充任才有可能实现。[18]

6.1.2 省级政府高等教育管理职责

省级政府作为我国高等教育的管理主体，应在中央政府的大政方针指导下，按照政府职能转换要求，承担区域内高等教育的统筹管理之责。《纲要》明确提出要"完善以省级政府为主管理高等教育的体制，合理设置和调整高等学校及学科、专业布局，提高管理水平和办学质量。依法审批设立实施专科学历教育的高等学校，审批省级政府管理本科院校学士学位授予单位和已确定为硕士学位授予单位的学位授予点……根据国家标准，结合本地实际，合理确定各级各类学校办学条件、教师编制等实施标准。统筹推进教育综合改革，促进教育区域协作，提高教育服务经济社会发展的水平"。[19]

具体来说，省级政府高等教育管理职责包括如下几方面：

1、负责制定本区域高等教育发展规划

地方政府应根据国家宏观社会经济发展战略及一定时期教育发展规划，结合本地实际，制定相应时期高等教育发展战略规划。应该说，一些地方政府对

---

16 康宁著.中国经济转型中高等教育资源配置的制度创新[M].北京：教育科学出版社，2005，303.

17 周川.中国高等教育管理体制改革的政策分析[J].高等教育研究，2009，（30），52-53.

18 周川.中国高等教育管理体制改革的政策分析[J].高等教育研究，2009，（30），52-53.

19 教育部高教司理工处.国家中长期发展规划汇编（内部学习资料）.2010，P18.

制定高等教育发展战略规划还不够重视，习惯于"摸着石头过河"、走一步看一步。首先是很少有专门高等教育发展战略规划，一般是在制定教育发展规划时涵盖高等教育部分，因此分量有限；其次是规划质量不太高。许多地方高等教育发展规划往往没有组织专门力量或委托专业机构来做，而是由职能部门工作人员在较短的时间内完成，调研论证不够，显得有些草率。这样制定出来的规划往往指导性不够强，因此很难得到贯彻执行。再次是对规划执行不力。不少地方规划制订出来后，就扔在一边，并未成为政府有关主管部门的年度工作计划。政府对规划执行情况也缺乏监督检查。因此，各地反映，"规划规划，墙上挂挂"，其应有作用未能得到充分发挥。最后是对区域内高等学校发展规划的制定指导不够。高校发展规划的制定对于明确办学思路、搞好学校办学定位非常关键。目前，有的高校对规划工作较重视，能定期制定学校发展规划，但也有部分高校对规划制定工作不重视，甚至有的办学多年，也没有一个成熟的学校发展规划。这些情况，就需要省级政府教育主管部门加大对所属高校制定规划工作的指导，做好各个高校办学定位的协调工作。

2、负责保障区域内公立高等学校办学经费

地方高等教育主要为当地经济社会发展服务，因此地方政府对区域内公立高等教育发展负有义不容辞的责任。但近些年，随着各地高等教育的发展，地方政府筹集高等教育经费的压力越来越大。一些地方政府由于对高等教育认识不到位，往往借口高等教育属于非义务教育，而一味推托发展高等教育的责任，致使地方高校生均经费过低、正常办学困难，教育质量得不到保障。这种情形不仅在经济欠发达地区存在，而且在一些经济发达地区也有表现。要改变这种状况，一方面需要地方政府转变对高等教育重要性的认识，摆正高等教育位置，要把发展高等教育看成是当地经济社会发展的"加速器"，建立起高等教育经费的有效拨款机制和正常增长机制。另一方面，要充分利用金融、税收手段，同时调动社会各方面参与公立高等教育的办学积极性，利用社会资金发展高等教育。

3、负责优化区域内高等教育结构布局

优化区域内高等教育结构布局应成为地方政府对高等教育实施宏观管理的一项重要职能。因为一个地区经济社会发展对高等教育的需求是多方面的。只有当高等教育的地区布局、学科专业布局和办学层次类型布局与区域

经济社会发展相适应，高等教育才能较好地促进区域经济社会发展，才能体现出自身的生命力和活力，并进而受到社会各方面的重视。但目前不少地区存在高等教育结构布局与当地经济社会发展需求不相适应的地方，区域内高等教育办学雷同、同质化现象严重，人才培养与社会需求脱节。这一方面是由于当地政府对高等教育统筹不够，特别是对高等教育结构布局如何做到优化缺乏深入的研究和系统的设计，高等教育发展过于随意；另一方面则是由于地方政府缺乏对区域内高等教育统筹规范的权力，特别是涉及高校设置、学科专业建设、研究生培养单位及学位点的增设等关键事项，地方政府自主权太小，因此，难以做到根据当地经济社会发展需求对高等教育布局进行适时合理的调整。要改变这种状况，首先需要教育部放权于地方，具体来说，就是要将高等专科学校设置权、硕士单位新增硕士点审批权、高职院校入学考试权、高职招生计划权等下放给省级政府，由省级政府根据当地发展需求自行决定相应事项，教育部保留事后监督权力。另一方面，省级政府要发挥经费投入、招生计划安排、信息服务等政策导向作用，引导高校优化布局、主动适应市场调整学科专业设置和不同层次人才培养规划。

4、负责高等教育质量监管

随着高等教育大众化时代的到来，高等教育质量问题越来越突出。由于省级政府对区域内高等教育办学状况最为了解，因此，省级政府政府理应成为高等教育质量监管的主体。地方政府应通过评估、信息发布等方式，加大对高等教育质量监控力度。当然，地方政府对高校质量监控，并不意味着要直接实施，可以通过社会中介组织来展开，或引入第三方评价。一方面可以做到"管、办、评"分离，提高评估的公信力；另一方面可以促进中介机构的发展，提高评估的专业化水平。应该说，目前某些地方政府对高等教育质量监管是不够的，对高校办学有放任现象。一些办学不太好、学生社会反映问题较多的高校依然能照常办学、得不到及时纠正，这与政府监管不到位有较大关系。而政府监管不力又与中介组织发育不完善、社会力量参与高等教育质量评价不够有极大关系。因此，地方政府要通过进一步转变监管方式，利用媒体、中介组织力量、用人部门参与对高校办学情况的评价等方式，加强对高等教育质量的监管，维护学生家长的权益，满足用人部门的要求。问卷调查显示，有 68.42%的受调查者认为，社会中介组织"可以部分"参与到高等教育管理中来。

5、负责高等教育公平办学环境的创建

随着我国市场经济的发展，高等教育办学类型和形式越来越多元化。多样化的高等教育需要一个公平的竞争环境，需要地方政府大力推动。一是法制环境。一个地方高等教育的发展，除了需要国家层面的法律，也需要地方政府因地制宜出台一些具有地方特色的地方性法规。如高校设置、民办高校管理等，国家有了相关的法规，地方还需要出台一些实施细则，以增强国家法规的可操作性。二是招生环境。目前民办高校在招生方面招数比较多，尤其是有些民办高校在招生宣传上打擦边球，冲击了公立高校的正规办学。三是人事政策环境。主要是民办高校人员编制、职称评审、科研项目经费安排等难以享受公办高校的公平待遇。民办高校争取编制难、教学人员职称评审难、科研项目经费落实难等问题不同程度存在，一定程度上制约了民办高校的健康发展。四是信息环境。目前许多地方尚未建立正常的高等教育信息发布制度，学生家长、社会用人部门很难获得当地高校完整的、权威的办学信息，给学生家长的入学选择、社会用人部门对高校的评价带来许多不便。上述环境的创建应成为地方政府今后一个时期的重要工作内容。

6、负责国家有关方针政策、法律法规的落实，对高等学校实施必要的行政管理

对国家有关高等教育方针政策、法律法规，地方政府要结合当地实际，积极加以贯彻落实。要改变"上有政策、下有对策"的不良现象，自觉维护国家大政方针和法律法规的权威。地方政府对高校的行政干预要减少到最低的程度，除了涉及高校稳定、安全、学生投诉等事项，原则上不宜对高校正常办学进行干预。现在有些地方政府不是这样，而是对高校人、财、物施加了许多不必要的行政干预，如对高校部分中层干部的配备、设备的招标采购、财务的会计委派及人才引进的审批等等，使高校处处受到制肘，办学自主权得不到保障。

6.2 加强中央各部门之间的统筹协调

高等教育实行两级管理、省级统筹管理为主新体制遇到的另一大障碍在于部门之间协调困难，而其源头又在中央各部门之间权力分割。如校企合作体制的建立、职业资格证书制度的推行、高职教师职务评审制度单列、大学生就业、专项经费的安排、取消高校实际存在的行政级别和行政化管理模式

等问题，涉及教育、财政、发改、人事、劳动保障及人大、党委等部门和系统，这些问题没有中央各部门、系统之间的统筹协调，在省一级实行起来是很困难的。因此，首先在中央层面必须加强对涉及高等教育管理事务的协调，成立由高层领导任组长的协调委员会，由相关部门负责人为成员，建立定期会议制度，研究解决高等教育管理跨部门之间的协调问题。另外，在教育部司局之间也存在加强沟通协调问题，特别是发展规划司与相关业务司局之间的协调，如高校设置、学位点增列与招生计划安排的协调。现在这方面问题较突出，往往规划司和国务院学位办批准了新增高校、学位点的设置，但相应招生计划并没有做到同步下达，致使一些地方招生计划吃紧，不能很好地按当地发展规划实现高等教育事业的发展。其次，对推出的一些改革措施，中央有关部门要尽快出台相关配套政策。如公共财政对民办高等教育的扶持政策、公办高校理事会或董事会法律地位问题、高校去行政化问题、高校分类入学考试和分类管理问题、校企合作制度化问题、落实高校办学自主权问题等，必须有相关配套政策出台，改革才能落到实处。再次要进一步加大中央各部门放权力度。《纲要》进一步明确了中央与省级政府教育管理权责，并提出了一些向省级政府和高校下放权力事项。但这些权力的下放都是有条件的，即按照"有关规定"。而过去的经验告诉我们，往往是这些"规定"阻碍了这些下放权力的落实，如省级政府设置高等专科学校的审批权、高职招生计划权和高校的各项办学自主权等，实际上存在"规定"比法律大的现象。因此，要保证《纲要》下放权力的落实，首先须对各部门的规定进行清理，汰除那些不合时宜的部门规章，将理应属于省级政府和高校的权力彻底予以下放。具体来说，高等专科学校设置权、硕士单位新增硕士点审批权、高职院校入学考试权、高职招生计划权等应完全下放给省级政府；高校专业设置权、内部机构设置权、经费使用权、对外交流权等完全授予高校。最后需要完善中央与地方的双向监督制约机制。中央政府要从直接行政干预为主转向间接的法律监督、财政监督、司法监督和行政监督相结合，变事前行政审批为主为事后合法性和效率监督为主；完善地方政府对中央的监督制约机制，主要在于建立科学合理的地方利益表达与平衡机制，让地方政府平等参与中央决策过程。同时，允许地方政府和高校通过法律手段维护自己的权力不受侵犯，从而保证政府权力在纵向上的分权与制衡，以权力制约权力[20]。

---

20 陈瑞莲主编.区域公共管理导论[M].中国社会科学出版社，2006，167.

6.3 强化依法治教

坚持依法行政是建设社会主义法治国家的基本要求。我国长期以来，由于实行指令性的计划经济，各级政府习惯于按行政命令方式办事，不太善于依法行政，因此，较多的是发红头文件，而对于健全法制，依法行政重视不够，以至已有的法律也未得到很好地执行。要改变这一状况，必须从以下三方面努力：

6.3.1 尽快完善规范政府教育管理行为的法律

二战以后，多数国家都以法律为依据，对政府教育管理作出原则性的规定，确立了自己国家教育管理的基本结构和权限范围。如法国通过立法明确了各级政府在教育管理中的职权，1982 年公布了有关地方分权的法令，1983年又颁布了新的权限分配法，使中央和大学区的权力逐级下放。[21]日本在政府行政人员自身行为规范上也制定了一系列的法律，如《内阁法》、《国家行政组织法》、《国家公务员阶制法》、《地方公务员法》等等。[22]这些法律可以看作是从行政本身的要求规定管理行为包括教育管理行为的法治化措施，国家通过对行政本身的立法奠定了教育管理的法治基础。

我国目前规范政府教育管理自身行为的法律还略显苍白。"从教育立法的数量与条款来看，政府行使管理的法律在数量与条款上都远远多于约束政府权力的法律"。[23]以至有人认为，我国的高等教育管理体制改革"是政策调控型的改革，而不是法律调控型的改革"。[24]就规范高等教育管理权力的法律而言，1986 年 3 月，国务院发布的《高等教育管理职责暂行规定》，由于是在改革开放初期制定的，还带有浓厚的计划经济色彩，国家教委、国务院有关部门和省级政府对高等教育的管理职责的划分过于琐碎，职责分工不明晰、存在较多职能重叠之处。较后出台的《教育法》和《高等教育法》等虽然对中央和地方政府的高等教育管理权限和职能做了一些规定，但是，仍然存在过于粗疏笼统，主观随意性过大的问题，导致实践领域中政府权力过

---

21 朱成华、郭丹丹.西方国家政府教育管理行为法治化的经验剖析[J].现代教育科学，2003，6.

22 朱成华、郭丹丹.西方国家政府教育管理行为法治化的经验剖析[J].现代教育科学，2003，6.

23 康宁著.中国经济转型中高等教育资源配置的制度创新[M].北京：教育科学出版社，2005，295.

24 周罗庚.依法治国面临的深层次问题[J].社会科学，2001，2.

于泛化的情况一再发生。因此，"有必要制定一部专门的《教育行政组织法》，专门规定中央以及地方政府教育行政机关的性质、地位、任务、职责权限、活动原则、副职设置、内部机构设置、人员配备以及行政机关的成立、变更和撤销程序等"。[25]

教育行政组织法是行政机关得以成立并据以开展活动的法律依据，首先需要规范政府的教育行政权限和职能，使其做到有法可依；其次需要以立法形式对政府的教育行政权限和职能进行分解，即详细规定各个教育行政职能部门的权责，使其职责明确，避免互相扯皮和互相推诿；再次是需要明确规定政府行使教育行政职能的方式及程序，并特别注重政府权限和职能执行过程中的程序化，克服操作者的主观随意性，保证依法履行政府职能的规范性；最后，还需要规定对政府权限和履行职能的监督，明确监督主体及其监督权利、监督方式和监督结果（即法律责任），使监督能落到实处。

6.3.2 进一步健全高等教育法规体系

健全的高等教育法规体系是政府教育主管部门依法治教、高校依法办学的前提和基础。目前，我国高等教育法制建设还存在两方面突出出问题：一是高等教育法律体系缺乏完整性；二是高等教育立法中出现了诸多偏差，"如法律中的原则过多、权利义务规则少；原则性、实体性规范多，对权力行使、权利救济程序性规定少；重管理者权力赋予、轻被管理者权利救济；法律责任的缺位和错位；下位规范与上位规范存在抵触等等"[26]。因此，需从以下两方面作出努力：

1、加快制定高等教育法律的配套性法规、规章

一是要完善高等教育法律主体法。高等教育涉及的法律主体包括高校、教师、职工、学生和教育行政部门。就目前高等教育立法规范的法律主体来看，"调整教师的有《教师法》、《教师职务条例》、《教师资格条例》等法律法规，调整教育行政部门的有《公务员法》、《行政法》、《行政诉讼法》、《行政复议法》、《行政许可法》等相关行政法律法规，但是对学生和高校这两种教育主体的法律调整却很不完善，更缺乏像《教师法》一样的专门身份法《学

---

25 胡炳仙.试论我国地方政府高教管理权限改革[J].西安欧亚学院学报，2006，2.
26 雷金火.试论我国高等教育立法的现状与改革[J].南昌航空工业学院学报（社会科学版），2006，1.

生法》或《高等学校法》，"[27]因此，应尽快制定上述身份法律；二是完善高等教育法律客体的法律。目前，与高等教育法律客体，如经费投入、学位授予、专业设置、办学形式等相关的立法还不全面。从经费投入来说，目前教育经费的投入与分配尚未被纳入法制化轨道，各级政府教育经费投入与分配均带有较大的随意性，因此，导致高等教育正常经费投入得不到保障，且不同高校经费分配也存在很多不公平；至于高等教育办学形式方面，也存在立法滞后的问题，如针对远程（网络）高等教育这一新的教育形式，如何加强对网络教学的管理，网络教育学历如何认证、国际网络高等教育证书是否承认等，现行高等教育立法中还是空白。三是解决下位法缺位的问题。一部上位法往往需要若干下位法来支撑。但是，我国高等教育立法体系中与上位法相配套的下位法时常缺位。以教师法为例，《教师法》教师资格制度上下位法之间层次清晰、逻辑合理，但教师职务制度涉及的下位法仅有一部部门规章《高等学校教师职务试行条例》（1986 年），而缺乏涉及职务聘任制度的下位法。对此只是在《高等教育法》37 条中原则规定："按照国家有关规定，评聘教师和其他专业技术人员的职务"。但由于"国家有关规定"立法缺位，只得由各省自行其事，因此，造成各地评聘标准宽严不一、各校教师评聘更是漏洞百出，致使高校评聘中的纠纷履见不鲜。

2、克服高等教育立法中的缺陷

我国高等教育立法的缺陷表现在两个方面：一是立法者对高等教育的变化和发展规律认识模糊，致使我国高等教育立法跟不上高等教育实践形势的步伐。自上世纪九十年代以来，我国高等教育改革与发展呈现出差异化、多元化的特征，如：高等教育办学主体、经费来源多元化；学生背景复杂化；教育形式与教学方式多样化，等等。高等教育的快速发展客观上要求及时提供法律规范。但是，现有的立法却没有对快速发展的高等教育形势作出灵敏反应，对调整对象——高等教育的实践活动和现实关系中的基本矛盾认识不充分，因此制约了高等教育法律体系的完整性、有效性和合理性。如，我国现有的教育政策法律中（包括 2003 年出台的《民办教育促进法》和 2004 年颁布的《实施条例》），虽然对民办高校的法律地位及职责、权限、利益等做

---

27 吴江梅.中国高等教育立法中存在的若干问题及思考[J].昆明师范高等专科学校学报，2007，1.

出了一些原则性的规定，但对于如何落实民办高校与公立高校平等的法律地位，如何保障民办高校的权利，如何获取正常的办学回报等问题，缺乏明确的法律规定，因此导致民办高校办学举步维艰，教育主管部门管理困难，严重地制约和影响了民办高校的发展。

二是立法价值取向偏差。表现为目前高等教育法律体系中权利义务不一致、权力责任不平衡等问题。法制社会的宪政原则要求法律必须体现公平、公正、平等和人权。因此，限制权力、保障人权，权利与义务相一致、权力与责任相等的思想成了现代法治社会立法的基本价值取向。但我国由于长期以来形成的"重刑轻民"的法制传统，在立法价值取向上采取国家、集体利益高于公民个人利益，国家权力高于公民权利等观念。反映在高等教育立法中，就是现行法律法规体现出较浓的旨在维系管理者的管理职能和"权力"本位的思想，而难以反映出"学生——教师——高校——社会"的平等地位，不能正确调整相互间的权利和义务关系、权力和责任关系。因此，转变和更新法制观念，树立"有权力必有制约"、"有权利必有救济"、"程序优先"等思想对克服我国高等教育的立法缺陷显得十分重要。

6.3.3 加大高等教育执法力度

首先是国家教育主管部门要做依法行政的模范。在出台部门规范性文件时，一定要合乎上位法的规定和要求，不能任意变更上位法做出的规定。更不能有法不依，随意收回有关法规已下放地方政府和高校的权力；其次地方高等教育行政部门应自觉履行高等教育行政执法主体的职责，严格、规范履行法律所赋予的权力和责任，纠正高等教育活动中的各种违法行为，维护高等教育正常办学环境和秩序。同时要建立健全教师、学生申诉机制，保障师生合法权益；加强与人民法院的沟通，运用司法手段解决各种高等教育纠纷。再次，高校也要提高依法治校的意识，依据相关法律、法规，制定、完善学校章程，做到办学有章可循。同时，要善于运用法律武器维护学校利益和办学自主权不受侵犯。最后，各级人大要加强对教育行政部门行政执法监督检查，建立行政执法赔偿和行政执法人员过错责任追究制[28]。

---

28 闵靓、熊建勒.我国高等教育法制化建设问题浅析[J].江西青年职业学院学报，2005，4.

6.4 转变政府职能、构建各方新型权力关系

健全中央与地方两级管理体制，需对现有高等教育管理权力结构进行深入调整，进行权力的重新分配，构建新的权力结构。但"这种教育管理权力的重新分配，不能再重复以往曾走过的'不同层次政府之间放权或收权'的老路。因为，新形势的改革，所要解决的不仅仅是各级政府之间的领导关系问题，更重要的，它是一次在'政府、市场、高校'之间更大范围、更深层次的权力转移。在此过程中，必须重构'政府、市场、高校'之间新的权力关系模式。其中，政府面临的最大问题是转变角色、转变职能，根据社会关系的新变化，确立必要的权力范围，确立有效的权力运行和权力制约机制，从法律上保证权力、责任、利益之间，集中管理与合理分权之间，协调一致"。[29]

6.4.1 构建政府与高校、社会之间的新型关系

健全"两级"管理体制，须首先明确政府与外部（包括市场、社会、大学）之间的权力关系。总体来说，要改变过去政府包办教育的状态，调动社会各方面参与办学积极性，"在政府与市场、政府与高校、政府与社会之间建立一种'以参与、协商、谈判、监督为特征'的权力关系"。[30]具体而言，在政府与高校之间，要按照"政事分开"的原则，结合教育自身的特点，大力推进"管办分离"的改革，适应我国国情和时代要求，建立依法办学、自主管理、民主监督、社会参与的现代大学制度，[31]使大学真正成为独立的法人实体，不再是政府的"附属机构"，真正赋予高校以办学自主权。使高等学校在国家法律法规、政策范围内，自主开展教学、科研、技术开发和社会服务活动，自主设置和调整学科、专业，自主制定学校规划并组织实施，自主设置内部管理机构，自主确定收入分配，自主管理和使用人才、学校财产和经费。[32]同时"使政府成为监督和协调教育领域的举办者、办学者与消费者之间关系的管理者、公共教育质量的评价者、公共教育提供者与消费者关

---

29 张德祥.市场经济体制下"政府、市场、大学"新型关系的研究总报告（二）[J].辽宁教育研究，2004，10：28.

30 张德祥.市场经济体制下"政府、市场、大学"新型关系的研究总报告（二）[J].辽宁教育研究，2004，10：29.

31 教育部高教司理工处.国家中长期发展规划汇编（内部学习资料）.2010，P15.

32 教育部高教司理工处.国家中长期发展规划汇编（内部学习资料）.2010，P15-16.

系的裁判者、公共教育产品的直接与间接采购者"；[33]在政府与市场之间，允许发挥市场机制配置教育资源的基础性作用，形成由政府、市场共同配置高等教育资源的新格局。[34]在高校之间引入竞争激励机制，营造平等竞争的制度环境，并加强对办学市场的监管，保证教育的公益性；在政府与社会之间，要"健全政府主导、社会参与、办学主体多元、办学形式多样、充满生机活力的办学体制"，[35]积极鼓励行业、企业等社会力量参与办学，[36]在部分公立高等学校探索建立理事会或董事会，健全社会支持和监督学校发展的长效机制，[37]扩大社会参与民办高等学校的管理与监督。[38]政府应完善教育中介组织的准入、资助、监管和行业自律制度。积极发挥行业协会、专业学会、基金会等各类社会组织在高等教育治理中的作用，[39]并鼓励专门机构和社会中介机构开展对高等学校各方面水平和质量评估。[40]同时给予公众参与高等教育的公共活动权利，赋予公众对高等教育的选择权和对高等教育治理决策的参与权。[41]

6.4.2 改变中央与地方的权力关系

总的要求是：改变长期以来形成的"高度集中"的权力结构，扭转过去上下级政府之间'以命令和服从为主'的权力关系。在上下级政府之间建立"兼有命令、指导、监督、协调"为特征的权力关系。[42]为使高等教育更好地适应各地经济社会发展的需要，在"权力关系重建"中，中央政府一方面要赋予地方人民政府及其教育主管部门更大的管理区域内高等教育的权力，解除不当的

33 张德祥.市场经济体制下"政府、市场、大学"新型关系的研究总报告（二）[J].辽宁教育研究，2004，10：29.

34 张德祥.市场经济体制下"政府、市场、大学"新型关系的研究总报告（二）[J].辽宁教育研究，2004，10：29.

35 教育部高教司理工处.国家中长期发展规划汇编（内部学习资料）.2010，P16.

36 教育部高教司理工处.国家中长期发展规划汇编（内部学习资料）.2010，P16.

37 教育部高教司理工处.国家中长期发展规划汇编（内部学习资料）.2010，P16.

38 教育部高教司理工处.国家中长期发展规划汇编（内部学习资料）.2010，P17.

39 教育部高教司理工处.国家中长期发展规划汇编（内部学习资料）.2010，P18.

40 教育部高教司理工处.国家中长期发展规划汇编（内部学习资料）.2010，P16.

41 张德祥.市场经济体制下"政府、市场、大学"新型关系的研究总报告（二）[J].辽宁教育研究，2004，10：29.

42 张德祥.市场经济体制下"政府、市场、大学"新型关系的研究总报告（二）[J].辽宁教育研究，2004，10：29.

体制约性束缚。另一方面，要通过转移支付、专项基金以及其他特殊政策，帮助那些因经济与社会等因素无法实现"权能统一"、无法保障高等教育有效提供的地方政府及其教育行政部门实现"权能统一"。此外，中央政府在下放权力的同时，要加强对地方政府及其教育行政部门行使教育权力的监督，必要时可以针对新的问题建立新的规则。[43]如地方政府高等教育经费支出占财政支出比例的规则，中央政府财政补贴的规则，地方政府对专科院校设置审批规则等。

6.4.3 加强政府宏观管理

1、需要科学确立政府职能定位

现代政府的基本职能主要就是两条：一是保证社会公平，二是提供市场不能提供的公共产品。"有所不为，才能有所作为"，政府只有将主要精力集中在上述两个方面，才能有更大的作为、成为人民满意的政府。表现在高等教育上，就是政府要提供教育政策，进行制度设计；促进教育均衡；规范教育市场；促进教育公平"。[44]要认识到，"政府职能转变，并不意味着政府责任的减少，而是改变过去不该管的管得太多，该管的反而没有管，或没有管好的状况，把不该管的放出去，从而集中精力把该管的管起来、管好"。[45]

2、需要规范政府高等教育管理职能

首先，通过政府角色的科学定位和权力关系的重新构建，实现"三个明确"：[46]即明确政府不是"办学者"。办学者是校长及其办事机构；明确政府不是所有大学的"举办者"，它只是公立大学的举办者。因此，它只对公立高校有"举办者"应有的权力和义务；明确政府是"所有高校的管理者"，肩负对所有高校的宏观管理职责。其次，在"三个明确"的前提下，要重新规范政府管理高等教育的职能。政府作为高校的宏观管理者，不应直接干预

43 张德祥.市场经济体制下"政府、市场、大学"新型关系的研究总报告（二）[J]. 辽宁教育研究，2004，10：29.

44 张德祥.市场经济体制下"政府、市场、大学"新型关系的研究总报告（二）[J]. 辽宁教育研究，2004，10：30.

45 张德祥.市场经济体制下"政府、市场、大学"新型关系的研究总报告（二）[J]. 辽宁教育研究，2004，10：30.

46 张德祥.市场经济体制下"政府、市场、大学"新型关系的研究总报告（二）[J]. 辽宁教育研究，2004，10：30.

和控制高校内部活动，不应在学术领域里滥用行政命令，应把学科专业设置、教学计划安排、人事管理、对外合作交流、基本建设等权利下放给高校。改革目标就是要实现高等教育管理从"**国家控制/干预模式**"到"**国家监督/促进模式**"的转变。只有政府真正转变职能，履行有限政府的责任，高校办学自主权才能落到实处，教育管理效率才会得到提高。因为"政府在新的宏观管理上有限干预的效率与它从微观管理层面退出的速度成正比，与其在微观领域管理的份额成反比"。[4748]。政府在高等教育宏观管理中主要承担以下职能：贯彻落实党的教育方针和政策；规划高等教育结构和布局；制定各级各类高校的设置标准；建立高校分类体系，实行分类管理。[49]多渠道筹集高等教育经费，并在不同类型高校之间进行科学合理分配；要整合各种高等教育管理资源，搭建国家高等教育管理公共服务平台，为宏观决策提供科学依据，为公众提供教育信息。[50]同时要"完善教育信息公开制度，保障公众对教育的知情权、参与权和监督权"，[51]具体包括：完善考试招生信息发布制度，实现信息公开透明，建立高等学校质量年度报告发布制度，整合国家教育质量监测评估机构及资源，完善监测评估体系，定期发布监测评估报告，建立民办学校办学风险防范机制和信息公开制度。"组织和利用社会中介机构，推进决策和管理的科学化、民主化，发挥中介机构在"政府与大学"之间"缓冲器"的作用"。[52]

3、要改进政府宏观管理的方式和手段。

要变对高校的直接行政管理为间接的宏观管理。特别是要加强分类指导，强化分类管理。当前我国高等教育虽然有办学类型之分、办学层次之别、办学特色之异，但实质上并没有明确的分类标准，无论是教育主管部门、社会，还是高校自身，对不同类型高校的划分并不十分清楚。由于分类不清、

---

47 康宁著.中国经济转型中高等教育资源配置的制度创新[M].北京：教育科学出版社，2005，165.

48 [荷兰]弗兰斯·F·范富格特主编，王承绪等译.国际高等教育政策比较研究[M].杭州：浙江教育出版社，2001，415.

49 教育部高教司理工处.国家中长期发展规划汇编（内部学习资料）.2010，P10、24.

50 同注49.

51 教育部高教司理工处.国家中长期发展规划汇编（内部学习资料）.2010，P10、24.

52 张德祥.市场经济体制下"政府、市场、大学"新型关系的研究总报告（二）[J].辽宁教育研究，2004，10：30.

定位不明、方向趋同，结果导致大多数高校"特色不特"，学科与专业趋同。这可以从一些具有行业背景的特色型高校的发展历程中看出端倪。

随着上世纪九十年代的高等教育管理体制改革的深化，原来由各行业主管部门举办的高校纷纷划归到教育部或下放到地方教育主管部门属地管理，这一改革在拓宽宽行业高校办学空间、增强行业高校办学活力的同时，也给行业高校保持办学特色带来了一些新问题，其中，最突出的问题就是导致这些高校行业特色淡化、传统优势弱化。由于这些高校追大求全的近乎盲目的综合性扩张，导致高校办学模式的趋同化，因此，使一大批具有行业背景特色的高校'上不顶天、下不立地'"。[53]

为促进高校实现特色发展，必需加强分类指导和管理。一是要对不同类型高校的创新体系建设进行统筹规划，对不同层次、不同地域的高等学校的发展目标提出明确的要求，为不同类型高校的自身定位和制定战略规划提供指南。二是要改变针对不同类型高校使用同一评价标准的现状，建立分层次、分类型高校评价标准和体系。特别是要结合行业特色型高校的特点和发展实际需要，制定切实可行的评估标准和质量标准，以形成行业特色同类高校竞争、不同类型高校相互补充、协调发展的格局。

6.5 加强省级政府统筹决策能力

在转变政府职能、理顺政府与高校关系的基础上，省级政府还需从以下三方面作出努力，以增强自身统筹决策能力。

6.5.1 强化省级教育主管部门的统筹能力

日前，由于省级教育行政部门对高等教育的人权、财权有限，因此，难以实现事权与财权、人权的统一，因而制约了省级教育行政部门对高等教育的统筹决策能力。要解决这一问题，首先需要改革现行财政拨款体制，扩大教育行政部门对高等教育的经费统筹权。省级财政对高等教育经费应实行预算管理办法，减少具体项目审批。每年按照财政增长比例，由省级教育行政部门编制高等教育经费预算方案，经省人代会审议通过后，交付教育行政部门统筹安排使用。省财政部门应减少对高等教育经费使用的项目审批，应将

---

53 王稼琼.建设一批高水平的有行业背景特色的财经类大学[J].湖南商学院学报（双月刊）.2009（16），6.

工作重点放到对各部门经费使用的监督、效益评估上来。财政预算一旦通过，应由教育行政部门自主使用安排。对经费使用期限也应做出灵活安排，不宜到时一刀切，应允许当年未使用的经费可安排到下年度使用，这样，可以防止突击花钱、乱花钱，从而提高经费使用效益。对于一些长期建设项目，应允许在经费总量控制的前提下，由教育行政部门逐年按项目进度拨付专项经费，这样，有利于教育行政部门增强工作的计划性和预见性。否则，会导致教育行政部门工作缺乏连贯性，一年一个想法，影响到重点工程和项目的实施。

其次，要理顺高等教育人事管理关系，加大省级教育行政部门对高校人事管理的权力，从而增强教育行政部门的决策权威和行政执行力。现在由于教育行政部门对高校人事权力有限，因而制约了教育行政部门对高校的影响力和宏观调控能力。一是要增强教育行政部门对高校领导干部任用的发言权。现在高校领导干部的选拔、任用主要由省级党委组织部门负责，各省的教育行政部门（教育工委）往往只参与对后备干部的考察，在干部任用决策时影响力有限。因此，导致高校领导只对省委负责，对教育行政部门领导则持轻忽的态度。这样，教育行政部门对高校的管理常常不能做到理直气壮，对高校办学的一些不正当行为，也不能及时加以纠正。二是要强化教育行政部门对高校教师职称评审的权力。目前教师职称评审主要由各省人力资源部门负责，教育行政部门只是负责操作实施。对目前教师职称评定中的一些问题尤其是评审标准的制定，教育行政部门往往决策权有限。这在一定程度上影响到教育行政部门对高校教师队伍建设方向的引导，不利于高校教师正确处理教学、科研与社会服务的关系。

6.5.2 调动地（市）级政府的办学积极性

在对地市政府举办高等学校统筹管理上，须做好以下几方面工作：一是合理划分地（市）政府和省级教育行政部门的权责，完善地市高等教育管理体制。基本思路是扩大地方政府发展高等教育的自主权，逐步形成以地（市）政府参与和管理为特色的地（市）高等教育体系。通过管理权限下放，增强地市政府对高等教育的参与意识，扩大资金来源渠道。但地（市）政府在管理高等教育时应该主要从协调高等教育与地方经济社会发展的关系，从强化对高校的资金投入，从加强对学校发展的各方面支持等角度，实行宏观领导，而不是过多干预学校发展的内部事务，包括人事管理、干部任命、资金收入等事宜。省级教育行政部门应着重在办学质量的监督评估、规模控制、学科发展等方面加强指导，而不应形成地方投资、上级管理的局面。二是对地市高等教育管理权下放要采取分类指导、区别对待的办法，要注意从地方财力承受的能力和管理高等教育的经验等实际情况出发，而不能全部以省辖市地域为范围机械地划分"属地化管理"。三是要制定地市高等教育法规和政策，在体制创新、办学特色上给地（市）政府发展高等教育预留较大的创新空间，以切合当地发展的实际需要。四是鉴于地方领导担任地（市）高校领导较普遍的现象，需强化对地（市）高校领导的高层次培训，使之实现由政府领导向教育专家的转变，促进角色转换。五是要完善地（市）政府对高等教育投入的法律保障体系，以确保地（市）高等教育经费能够足额按时到位[54]。

6.5.3 发挥部属高校的带动示范作用

理顺政府与部属高校的关系，需从两方面入手：一是逐步减少部属高校的数量，将一些行业特色不是太明显、且地方有意愿接受的部属高校下放当地管理。从管理体制上解决对部属高校多头管理的问题，使其真正融入地方，成为当地高校的一部分。二是对继续保留的部属高校，通过省部共建的方式，加大地方政府对其支持力度。在继续发挥其作为全国重点高校、服务全国作用的同时，将其纳入当地高等教育总体发展规划，统筹考虑其建设和管理，在学科、专业建设、人才培养、科研成果转化、社会服务等方面，发挥其示范带动作用。在队伍建设、人才引进、项目经费安排等方面，享受当地高校同等待遇。总之，地方政府对部属高校的统筹协调，主要应该从区域经济发展和地方社会进步的全局上，对高校的各项工作给予指导和提出要求，从外部环境的构建和政策支持上，对高校的事业发展和产学研结合予以帮助、提供协调。当然，从部属高校的角度看，不管怎样，学校的生存和发展是离不开地方政府的支持和帮助的，不能因自己是中央部属高校而高高在上，只管"要钱"，不讲"奉献"。部属高校应当在配合地方政府工作方面起带头作用。主动服务于区域经济的发展和当地社会的全面进步是部属高校义不容辞的责任[55]。

---

54 王保华、张婕主编.高等教育地方化——地级城市发展高等教育研究[M].北京：人民教育出版社，2005，80-84.

55 同济大学改革与发展研究室.教育部直属高校管理的现状及对策研究[R].2001年第3期。

7 尾　声

　　"十二五"以来，为贯彻落实党的十八大提出的"深化行政审批制度改革，继续简政放权，推动政府职能向创造良好发展环境、提供优质公共服务、维护社会公平正义转变"的精神，中央政府对各部门的行政审批事项进行了清理，一些部门审批事项予以取消，一些审批事项下放给省级政府或主管部门，总的趋势是减少了中央主管部门对一些具体事务的管理，加大了省级政府对相关业务的监管责任，中央与地方的管理职责划分更为合理、权限较以往更为明晰。与此同时，政府对服务对象的行政干预也有较大改善，政府的审批相对少了，各类主体的自主权有所扩大，政府对服务对象的管理更加倾向于事中事后监管。具体就高等教育管理中的中央与地方关系而言，出现了一些向好的转变。

7.1 中央政府对高校的直接管理相对有所减弱，宏观管理得到加强

　　自 2012 年起，国务院相继发布了一系列关于行政审批事项改革的决定，对包括教育在内的许多中央主管部门审批事项予以取消或下放至省级政府或有关部门。据统计，有 15 项原由教育部施行的高等教育行政审批项目被取消，有 2 项被下放至省级政府或相关业务主管部门（见表 24），另有 4 项中央指定地方实施的行政审批事项被取消（见表 25）。与此同时，中央政府加大了对高等教育宏观管理力度。

表 24：2012 年以来取消和下放的教育行政审批事项清单

序号	项目名称	处理意见	依 据
1	举办国际教育展览审批	取消	国发〔2012〕52 号
2	高等学校设立、撤销、调整研究生院审批	取消	国发〔2012〕52 号
3	高等学校副教授评审权审批	下放	国发〔2012〕52 号
4	中外合作办学机构以及内地与香港特别行政区、澳门特别行政区、台湾地区合作办学机构聘任校长或者主要行政负责人核准	取消	国发〔2013〕19 号
5	高等学校部分特殊专业及特殊需要的应届毕业生就业计划审批	取消	国发〔2013〕19 号
6	省级人民政府自行审批、调整的高等职业学校使用超出规定命名范围的学校名称审批	取消	国发〔2013〕44 号
7	民办学校聘任校长核准	取消	国发〔2013〕44 号
8	利用互联网实施远程高等学历教育的教育网校审批	取消	国发〔2014〕5 号
9	国家重点学科审批	取消	国发〔2014〕5 号
10	高等学校设置和调整第二学士学位专业审批	取消	国发〔2014〕5 号
11	高等教育自学考试专科专业审批	下放	国发〔2014〕5 号
12	高等学校博士学科点专项科研基金审批	取消	国发〔2014〕27 号
13	高等学校新农村发展研究院审批	取消	国发〔2014〕27 号
14	教育部科技查新机构认定	取消	国发〔2015〕11 号
15	高等学校赴境外设立教育机构（含合作）及采取其他形式实施本科及以上学历教育审批	取消	国发〔2015〕27 号
16	省级自学考试机构开考高等教育自学考试本科专业审批	取消	国发〔2015〕27 号
17	孔子学院（课堂）设置及年度项目审批	取消	国发〔2015〕27 号

表25：国务院决定取消中央指定地方实施的行政审批事项目录

序号	项目名称	审批部门	设定依据	备 注
1	高等学校境外办学实施专科教育或者非学历高等教育审批	省级人民政府	《高等学校境外办学暂行管理办法》(教育部令第15号)	国发〔2015〕57号
2	校外学习中心（点）审批	省级教育行政主管部门	《现代远程教育校外学习中心（点）暂行管理办法》(教高厅〔2003〕2号)	国发〔2015〕57号
3	港澳台本科在读学生转读内地（祖国大陆）普通高等学校本科生的审批	省级教育行政主管部门	《关于普通高等学校招收和培养香港特别行政区、澳门地区及台湾省学生的暂行规定》	国发〔2016〕9号
4	对教育部实施的高等学校设置尚未列入《普通高等学校本科专业目录》的新专业审批的初审	省级教育行政主管部门	普通高等学校本科专业设置管理规定》(教高[2012]9号)	国发〔2016〕9号

7.1.1 更加注重教育治理规则体系的建立

首先是进一步完善高等教育法律法规体系。2015年12月27日第十二届全国人民代表大会常务委员会第十八次会议通过了《关于修改〈中华人民共和国高等教育法〉的决定》，对1999年颁布的《高等教育法》进行了修正。新版《高等教育法》体现了与新修订的《教育法》的有效衔接，明确了高等学校、教育行政部门、社会三方面对高等学校办学水平建设的责任，并与高等教育办学主体多元化相适应。其它如《学位法》也在制订中。

其次是推动高校办学章程的制订。2011年7月12日教育部第21次部长办公会议审议通过了《高等学校章程制定暂行办法》(中华人民共和国教育部令第31号)。《办法》指出，"章程是高等学校依法自主办学、实施管理和履行公共职能的基本准则"。"高等学校的举办者、主管教育行政部门应当按照政校分开、管办分离的原则，以章程明确界定与学校的关系，明确学校的办学方向与发展原则，落实举办者权利义务，保障学校的办学自主权"。[1]《办法》自2012年1月1日起施行，根据教育部工作部署，全国公办高校基本于2015年底完成

---

1 中华人民共和国教育部令第31号。《高等学校章程制定暂行办法》。2011。

了各自章程的起草、论证和审核备案工作。这对于推进中国特色现代大学制度建设，理顺大学与政府、社会的关系，健全高校内部治理将发挥深远作用。

7.1.2 进一步明确中央和地方高等教育事权与支出责任

近年来，中央政府着力推进高水平大学建设、中西部地区高校办学水平提升、高校分类管理、经费投入和各学科办学标准的建立，对事关全国高校长远发展、水平提升等方面的宏观指导作用有所加强。此外，在促进全国各地高等教育均衡发展方面也做了较大努力，中央教育主管部门通过与地方政府实行共建的方式，加大了对地方高校经费支持的力度，对贫困学生的国家奖学金制度进一步完善。与此同时，鼓励支持各地方政府结合本地实际，加强区域性特色高校建设，开展各类改革试点，培养适应当地建设需要的各方面人才。

7.1.3 进一步推动管办评分离

构建政府、学校、社会新型关系，以转变政府职能、激发基层活力为突破口，形成政府宏观管理、学校自主办学、社会广泛参与的多元化治理格局。推进经费拨款、学费标准、院校设置、招生计划、专业设置，教材审用、教师评聘、学位点授予等重点领域的改革。推进政校分开，建设现代大学制度，依法明确和保障各级各类学校办学自主权。推动建立政府评价、学校自主评价、第三方评价相结合的教育评价制度。第三方机构参与高等教育质量监测和办学水平评价的机制正在形成。

7.2 省级政府对高等教育统筹权得到加强

根据党的十八届三中全会关于扩大省级政府教育统筹权的部署，2014 年国家教育体制改革领导小组办公室印发了《关于进一步扩大省级政府教育统筹权的意见》（教改办[2014]1 号），提出要"以推进教育治理体系和治理能力现代化为目标，理顺中央与地方教育管理权限和职责范围，保证国家教育方针政策的贯彻执行，充分发挥地方的积极性主动性创造性，加快推进教育现代化"，"省级政府在中央统一领导下，认真贯彻国家法律法规和方针政策，根据经济社会发展需求、本地区教育事业发展现状以及教育资源支撑能力，结合人口、区域和产业结构，自主确定教育发展目标、规划和工作重点并组织实施，切实履行教育改革、发展、稳定职责"。明确从两个方面扩大省级政府教育统筹权，一是由省级政府管理更方便有效的教育事项，一律下放省级政府管理，包括专科学历教育高校审批、民办本科以上教育高校章程修改备案、高教自考专科专业审批、成人高等教育和高职（专科）招生计划总量确定、地方高校赴境外办学审批等内容；二是改进管理方式，服务和保障省级政府加强教育统筹，包括加强分类指导，规划引导，完善标准体系、强化信息服务、做好监督评价等内容。[2]

据此，中央政府对一批教育行政市批事项予以取消或权力下放，省级政府对当地高等教育学科专业布局、招生考试、对外合作与交流的统筹权得到加强，基本能根据当地社会经济发展需要制订高等教育事业发展规划和重点推进一些高等教育发展事项，地方发展高等教育的积极性和能动性得到进一步激发，高等教育的改革与发展活力进一步显现。这从十二五期间全国高校的大发展得到很好地印证。从 2011 年到 2014 年，全国普通高校数由 2409 所增加到 2529 所，共计新增高校 120 所。其中中央高校数仅增加了 2 所，绝大多数为地方高校，新增了 87 所，与此同时，社会办学积极性得到较大释放，民办高校数由 696 所增加到 727 所，新增 31 所（见表 26）。

表 26：2011-2014 年全国高等教育发展情况

年　份	普通高等学校数			
	合　计	中央高校数	地方高校数	民办高校数
2011	2409	111	1602	696
2012	2442	113	1623	706
2013	2491	113	1661	717
2014	2529	113	1689	727

资料来源：教育部官网公布历年教育统计数据。

再以海南省为例，十二五期间，尽管高校数没有增加，但高校在校生规模有了较大增长，普通高校在校生由 2011 年的 15.67 万人增加到 2014 年的 18.06 万人，高等教育毛入学率由 25.80% 上升到 34.04%，基本与全国持平（见

2　国家教育体制改革领导小组办公室.关于进一步扩大省级政府教育统筹权的意见（教改办[2014]1 号）.2014.

表 27）。同时，海南高校学科专业结构得到进一步优化，新设了一批与海南国际旅游岛和海洋强省建设相适应的学科专业，如旅游、会展、游艇、海洋、新能源技术等专业。在教育对外开放方面力度逐步加大，校际合作交流、中外合作办学、双向留学和汉语国际推广等都取得了显著进展，高等教育国际化水平逐步得到提高。

表 27：2011-2014 年海南省高等学校发展情况

年　份	学校数	高等教育在校生（万人）				毛入学率(％)
		合　计	研究生	普通本专科	成人本专科	
2011	18	18.06	0.34	15.67	2.06	25.80
2012	18	19.46	0.37	16.83	2.26	28.06
2013	18	19.98	0.40	17.21	2.37	32.87
2014	18	20.74	0.42	18.06	2.27	34.04

资料来源：根据海南省教育厅历年教育事业统计年报数据整理。

尽管如此，中央与地方高等教育管理中的职责同构问题仍未得到很好地解决，中央政府教育主管部门对高等教育的管理仍很强势，特别是对事关地方高等教育发展的高校设置权、招生计划权、中外合作办学机构的设置权等地方政府认为最需下放的审批权力，中央教育主管部门仍牢牢掌握在手中，没有松动迹象，致使省级政府在加快高等教育发展问题上仍处处受到掣肘，难以做到根据当地经济社会发展需要有计划地统筹高等教育的布局和发展。中央与地方政府高等教育管理职责与权限不匹配的问题有待进一步通过深化行政管理体制改革，转变中央政府职能加以解决。

参考文献

一、著作类

（一）中文著作

1、陈永明.主要发达国家教育[M].天津：天津教育出版社，2006.

2、程方平等.发达国家教育管理制度[M].北京：时事出版社，2001.

3、玛丽·亨克尔、布瑞达·里特.国家、高等教育与市场[M].北京：教育科学出版社，2005.

4、朱小蔓等主编.20-21 世纪之交中俄教育改革比较[M].北京：教育科学出版社，2006.

5、张男星.俄罗斯高等教育体制变革[M].长春：吉林教育出版社，2003.

6、克里斯托弗·福尔.1945 年以来的德国教育：概览与问题[M].北京：人民教育出版社，2003.

7、张建新.高等教育体制变迁研究——英国高等教育从二元制向一元制转变探析[M].北京：教育科学出版社，2006.

8、D·B·约翰斯通.高等教育财政：问题与出路[M].北京：人民教育出版社，2006.

9、范文曜、闫国华主编.高等教育发展的财政政策—OECD 与中国[M].北京：教育科学出版社，2005.

10、王留栓.亚非拉十国高等教育[M].上海：学林出版社，2001.

11、郑德鑫.当今印度教育概览[M].郑州：河南教育出版社，1994.

12、王长纯.印度教育[M].长春：吉林教育出版社，2000.

13、王英杰.美国高等教育的发展与改革[M].北京：人民教育出版社，2002.

14、PhilipG. Altbach 等.21 世纪美国高等教育——社会、政治、经济的挑战[M].北京：北京师范大学出版社，2005.

15、谢安邦.比较高等教育[M].桂林：广西师范大学出版社，2002.

16、邢克超.共性与个性——国际高等教育改革比较研究[M].北京：人民教育出版社，2001.

17、世界银行、联合国教科文组织高等教育与社会特别工作组.发展中国家的高等教育：危机与出路[M].北京：教育科学出版社，2001.

18、郝维谦、龙正中.高等教育史[M].海口：海南出版社，2002.

19、何东昌.中华人民共和国重要教育文献 1949-1975[M].海口：海南出版社，1998 年.

20、康宁.中国经济转型中高等教育资源配置的制度创新[M].北京：教育科学出版社，2005.

21、帅相志.市场经济与中国高等教育体制改革[M].济南：山东人民出版社，2005.

22、王守法.高等教育与区域经济发展研究[M].北京：经济科学出版社，2006.

23、曲绍卫等.经济视野中的高等教育[M].青岛：中国海洋大学出版社，2006.

24、弗兰斯·F·范富格特.国际高等教育政策比较研究[M].杭州：浙江教育出版社，2001.

25、王保华、张婕.高等教育地方化——地级城市发展高等教育研究[M].北京：人民教育出版社，2005.

26、伯顿·克拉克.高等教育系统[M].杭州：杭州大学出版社，1994.

27、范明.高等教育与经济协调发展[M].北京：社会科学文献出版社，2006.

28、田正平、商丽浩.中国高等教育百年史论——制度变迁、财政运作与教师流动[M].北京：人民教育出版社，2006.

29、柯武刚、史漫飞.制度经济学——社会秩序与公共政策[M].北京：商务印书馆，2002.

30、毛寿龙、李梅.有限政府的经济分析[M].上海三联书店，2000.

31、欧文·E·休斯.公共管理导论[M].北京：中国人民大学出版社，2005.

32、B·盖伊·彼得斯、B.GUY PETERS.政府未来的治理模式[M].北京：中国人民大学出版社，2003.

33、珍妮特·V·登哈特，罗伯特·B·登哈特.新公共服务——服务，而不是掌舵[M].北京：中国人民大学出版社，2006.

34、张志红.当代中国政府纵向间关系研究[M].天津：天津人民出版社，2005.

35、陈瑞莲.区域公共管理导论[M].北京：中国社会科学出版社，2006.

36、胡书东.经济发展中的中央与地方关系——中国财政制度变迁研[M].上海：上海三联书店、上海人民出版社，2006.

37、曹淑江.教育制度和教育组织的经济学分析[M].北京：北京师范大学出版社，2004.

38、戴晓霞、莫家豪、谢安邦.高等教育市场化[M].北京：北京大学出版社，2004.

39、闵维方.高等教育运行机制研究[M].北京：人民教育出版社，2002

40、国家教育委员会高等教育司.积极推进高等教育体制改革[M].北京：中国铁道出版社，1995.

41、《李岚清教育访谈录》采访编辑小组.李岚清教育访谈录[M].北京：人民教育出版社，2004.

42、颜廷锐.中国行政体制改革问题报告：问题、现状、挑战、对策[M].北京：中国发展出版社，2004.

（二）英文著作

43、Guy Neave, Frans A van Vught.Government and higher education relationships across three continent[M].Published for the IAU Press,1994

44、Jeron Huisman, Peter Maassen and Guy neave.Higher education and the nation state[M].Published for the IAU Press,2001

45、Mary Henkel and Brenda Little.Changing relationships between higher education and the state[M].Jessica kingsley publishers,1999

46、M V Mathur,Ramesh K Arora, Meena Sogani，Indian University System: Revitalization and Reform[M].Wiley Eastern Limited, 1994

47、M.S.GORE.Indian Education:Structure and Process[M].Rawat Publications, 1994

二、论文类

（一）中文论文

48、李庆刚.简论建国以来我国高等教育管理体制改革的演变[J].信阳师范学院学报（哲社版），2001（4）.

49、李庆刚.五十年来我国高等教育管理体制演变述略[J].史志研究, 2003（3）.

50、康翠萍.对我国五十年来高等教育管理观的反思[J].云南教育, 2002（12）.

51、陈学飞.高等教育系统的重构及其前景——1990 年代以来中国高等教育管理制度的改革[J].高等教育研究, 2003（4）.

52、王根顺, 陈蕾.新中国成立后两次高等教育管理体制改革的理性反思[J].高等理科教育, 2006（6）.

53、程斯辉, 王娟娟.改革开放三十年高等教育管理关系大调整[J].清华大学教育研究, 2008（29）, 6.

54、唐任伍, 刘泰洪.中国高等教育管理体制演进：1949-2009[J].改革 2009（11）.

55、刘宝存.改革开放以来我国高等教育管理体制的回顾与前瞻[J].复旦教育论坛, 2009（7）, 1.

56、翟文豹、李英.高等教育管理体制问题及改革的切入点[J].中国高教研究, 1997（3）.

57、高松元, 龚怡祖.新制度经济学视角：高等教育管理体制的困境与重构[J].未来与发展, 2009（8）.

58、季飞.中国高等教育管理体制改革的路径依赖[J].理工高教研究, 2010（29）, 3.

59、陈叶玲, 肖昊.我国高等教育管理体制转型目标、阻力和对策研究[J].黑龙江高教研究, 2010（9）.

60、韩喜平, 常艳芳.论中国特色高等教育管理体制的改革路径[J].大学教育科学, 2010（3）.

61、汪永铨.关于政府对高等教育的管理[J].上海高教研究, 1988（4）.

62、葛锁网.改革高等教育管理体制, 加强省级政府的决策权、统筹权[J].江苏高教, 1993（5）.

63、余立.省级政府对高等教育统筹决策权的理论与实践[J].江苏高教, 1993（5）.

64、翁庆余.论我国高等教育的分级管理[J].江苏高教, 1993（5）.

65、张耀荣.略论省级高教行政管理的职能[J].韶关大学学报（社科版, 高教研究专辑）, 1993（增刊）.

66、姜保年.关于加强省（市）协调统筹和领导责任的思考[J].上海高教研究, 1994（4）.

67、林欣，邱连波.辽宁省高等教育管理体制改革的走向——兼谈委属高等体育院校的定位和发展[J].辽宁高等教育研究，1996（5）.

68、陈彬.我国高等教育实施"两级管理、以省为主"体制初探[J].高教探索，1997（1）.

69、程样国、黄长才.论扩大省级政府高等教育管理权限的几个问题[J].南昌大学学报（人社版），2001（4）.

70、徐光寿.论新时期高等教育管理体制改革的时代背景[J].高校教育管理，2009（3），2.

71、宣勇、郭石明、王兴杰、张林.论地方政府对高等教育管理职能的转变[J].浙江社会科学，2002（9）.

72、胡炳仙.试论我国地方政府高教管理权限改革[J].西安欧亚学院学报，2006（2）.

73、秦福利，罗秋兰."以省为主"本科教学评估的必要性与可行性[J].黑龙江高教研究，2009（6）.

74、万星，张晓丽.区域特色的高等教育管理体制创新研究[J].决策管理，2010（4）.

75、夏鲁惠.我国地级城市普通高等教育发展分析[J].中国发展观察，2007（8）.

76、马陆亭.制度保障下的高等学校为地方发展服务[J].中国高教研究，2008（7）.

77、孟令择，王少军.河北省地方高校与区域经济互动发展的体制性障碍分析[J].中国高校科技与产业化，2009（11）

78、陈汉聪，陈学飞.规范与变通－国家独立学院政策在浙江省的实施案例研究[J].高校教育管理，2009（3），3.

79、周清明.地方高校和谐发展的问题与建议[J].中国高等教育，2009（20）.

80、常桂虎，徐安兴.教育部统一领导高校利弊探析[J].太原师范学院学报（社会科学版），2009（8），5.

81、谭佳音，陈士俊."大部制"改革对高等教育体制改革的启示[J].安庆师范学院学报（社会科学版），2008（27），12.

82、张伟、任建明.我国高等教育体制改革方向与政府角色定位问题研究[J].清华大学教育研究，2006（3）.

83、康翠萍.我国高等教育行政体制的主要弊端及政策选择[J].沈阳师范大学学报（社会科学版），2010（34），4.

84、罗海丰，陈泽龙.我国高等教育宏观管理体制的创新选择[J].教育与职业，2009（12）.

85、马陆亭.高等教育管理体制及高等学校管理权限的国际比较[J].高等工程教育研究，1998（1）.

86、申素平.论我国高等教育体制改革过程中政府角色的转变[J].高教探索，2000（4）.

89、陈国维.教育宏观管理的目标：构建公共教育管理与服务体系[J].信阳师范学院学报（哲学社会科学版），2004（24），5.

90、同济大学改革与发展研究室.教育部直属高校管理的现状及对策研究[J].同济教育研究，2001（3）.

91、章仁彪.关于当前教育部直属高校管理的若干对策建议[J].江苏高教，2002（3）.

92、苑英科，李荣.高水平行业特色型大学建设与行业发展研究[J].黑龙江高教研究，2010（5）.

93、王稼琼.建设一批高水平的有行业背景特色的财经类大学[J].湖南商学院学报（双月刊），2009（16），6.

94、雷万鹏、钟宇平.教育发展中的政府作用：财政学思考[J].香港中文大学教育学报，2002（1）.

95、李蔚.公共财政扶持与民办高校宏观管理[J].教育发展研究，2010.15-16.

96、王志刚.未来高等教育财政改革：隐忧与出路[J].中国社会科学报，2009-7-7.

97、伍海泉，陈锋.政府间高等教育投资责任划分研究——教育收益区域性与外溢性的视角[J].财务与金融，2009（1）.

98、伍海泉，黄维.中央与地方共建高校：财政政策的反思与对策[J].中国高教研究，2009（5）.

99、黄维，伍海泉.中央与地方共建高校的类型划分及其财政支持政策研究[J].复旦教育论坛，2009（7），6.

100、刘大波、方展画.21世纪中国高教行政管理中集权和分权关系研究[J].现代教育科学，2003（1）.

101、康翠萍.我国高等教育行政体制的主要弊端及政策选择[J].沈阳师范大学学报（社会科学版），2010（34），4.

102、曹淑江.高等教育体制分权化改革的理论分析[J].浙江社会科学，2006（1）.

103、孟翔君.从"寻利"到"分权"：我国高等教育管理体制变迁的轨迹与趋向[J].青岛化工学院学报（社科版），2001（3）.

104、张德祥.市场经济体制下"政府、市场、大学"新型关系的研究部报告[J].辽宁教育研究，2004（10）.

105、肖谦.高等教育利益相关者共同治理模式的探讨[J].湖南社会科学，2009（4）.

106、许士英.公平和效率：我国高等教育资源配置的两难选择[J].高教与经济，2010（23），2.

107、王景，肖福斌.高等教育管理体制改革中政府职能的反思与重构[J].天水师范学院学报，2008（28），3.

108、王丹.高等教育管理体制改革中政府职能问题分析[J].商业经济，2010（12）.

109、詹琼雷，周清明.我国高等教育管理体制改革中政府职能转变的路径选择研究，湖南医科大学学报（社会科学版），2009（11），3.

110、詹琼雷，周清明.我国高等教育管理体制改革中政府职能转变的现实困境[J].当代教育论坛，2009（7）.

111、魏志春.政府教育管理职能转变与管理机制研究[J].中国高等教育，2009（12）.

112、唐滢，丁红卫.现代高等教育管理权力再思考－《国家中长期教育改革和发展规划纲要（2010-2020年）》解读[J].大学（学术版），2010（5）.

113、李梅英.透视高等教育发展中的"政府失灵[J].高教探索，2006（3）.

114、杨明.论高等教育中政府调节的职能定位与调节失灵现象[J].浙江大学学报（人文社科版），2006（4）.

115、朱成华、郭丹丹.西方国家政府教育管理行为法治[J].现代教育科学，2003（6）.

116、郭为桂.中央与地方关系50年略考：体制变迁的视角[J].中共福建省委党校学报，2000（3）.

117、王玮.计划、市场与分权——兼论我国分权化改革的经济体制背景[J].湖北经济学院学报，2003（6）.

118、艾伦·罗森博姆.分权、治理与民主[J].国家行政学院学报，2001（4）.

119、林志远.中央集权和地方分权 —联邦主义的经验和教训[J].战略与管理，2003（1）.

120、鲍威，刘艳辉.高等教育管理体制：中央与地方职责的分分合合[J].中国社会科学报，2009-7-7.

121、赫广义.中国纵向间政府"职责同构"模式解析[J].河南师范大学学报（哲社版），2005（2）.

122、朱光磊、张志红."职责同构"批判[J].北京大学学报（哲社版），2005（1）.

123、赵琳、王湛.论我国政府间事权与财权划分的对称性[J].现代经济探讨，2004（11）.

124、周光礼.论中国政府与教育中介组织的互动关系：一个法学的视角[J].北京大学教育评论，2006（3）.

125、李彦荣.我国教育中介组织发展的特点与对策[J].教育发展研究，2007（10A）.

126、杨凤英、毛祖桓.美国高等教育中介组织的功能及其启示[J].比较教育研究，2006（1）.

127、杨凤英、袁刚.我国高等教育中介组织发展迟滞的原因分析[J].科学大众·科学教育[J].2009（11）.

128、朱淑华.国内高等教育评估中介机构研究现状述评[J].现代教育科学，2009（4）.

129、吴启迪.积极发挥社会组织作用，共同推进质量保障与评估制度建设[J].中国高等教育，2011（2）.

130、邢克超.大学发展的一个新阶段——法国高等教育管理十年改革简析[J].比较教育研究，2001（7）.

131、周丽华.德国高等教育管理体制改革的新思维[J].华南师范大学学报（社科版），2006（4）.

132、蒋洪池.巴西高等教育现代化策略研究[J].复旦教育论坛，2006（4）.

133、安双宏.印度政府对高等教育的管理[J].复旦教育论坛，2006（4）.

134、高英兰.美国联邦政府对高等教育的引导机制及对我国高教体制改革的启示[J].宁夏社会科学，2001（3）.

135、杨晓波.美国州级高等教育管理机构的形成及其特点[J].国家教育行政学院学报，2003（4）.

136、姚云.美国高等教育分权的立法机制探析[J].清华大学教育研究，2003（4）.

137、王正绪.美国州级高等教育管理启示[J].21世纪，2002（5）.

138、旋天颖.美国州高等教育委员会对大学专业设置的管理[J].中国高教研究，2006（9）.

139、王建梁.大学自治与政府干预：英国大学——政府关系的变迁历程[J].清华大学教育研究，2005（6）.

140、焦磊，高伟.中美协作式高等教育管理体制比较研究[J].煤炭高等教育，2008（26），6.

141、图门吉日嘎勒.美国密苏里州高等教育管理体制机制解读及启示[J].高校教育管理，2009（3），3.

142、樊丽明.宏观管理··自主自律·质量控制——英国高等教育管理学习考察报告[J].山东大学学报（哲学社会科学版），2004（6）.

143、范文曜，马陆亭，杨秀文.法国和意大利高等教育管理体制调研报告[J].理工高教研究，2005（24），5.

（二）英文论文

144、Olaf.C.Mcdaniel.The Paradigms of governance in higher education systems [J].Higher education policy,1996（2）.

145、Jeroen Huisman,Christopher C.Morphew.Centralization and diversity: evaluating the effects of government policies in U.S.A. and Dutch higher education[J].Higher education policy,1998（11）.

146、Sunwoong Kim,Ju-Ho Lee.Changing facets of Korean higher education: market competition and the role of the state[J].Higher education,2006（52）.

147、Helmut de Rudder. Buffer institutions in Public Higher Education in the context of Institutional Autonomy and Governmental control: A Comparative View of the United States and Germany[J]. Higher education policy,1992（3）.

附录一　问卷调查

您好！

为获取第一手研究资料，增强研究成果的针对性和现实性，现就研究相关内容开展问卷调查。请您抽出一定时间作答并及时将问卷调查表寄回（或发送电子邮件），谢谢您的配合支持！

年　　月　　日

1993 年 2 月中共中央、国务院颁发的《中国教育改革和发展纲要》，在谈到深化高等教育体制改革时，提出"在中央与地方的关系上，进一步确立中央与省（自治区、直辖市）分级管理、分级负责的教育管理体制。中央直接管理一部分关系国家经济、社会发展全局并在高等教育中起示范作用的骨干学校和少数行业性强、地方不便管理的学校。在中央大政方针和宏观规划指导下，对地方举办的高等教育的领导和管理，责任和权力都交给省（自治区、直辖市）。中央要进一步简政放权，扩大省（自治区、直辖市）的教育决策权和包括对中央部门所属学校的统筹权"。

1999 年 6 月，《中共中央、国务院关于深化教育改革全面推进素质教育的决定》提出"进一步简政放权，加大省级人民政府发展和管理本地区教育的权力以及统筹力度。继续按照'共建、调整、合作、合并'的方式，基本完成高等教育管理体制和布局结构的调整，形成中央和省级人民政府两级管理、以省级人民政府管理为主的新体制，合理配置教育资源，提高教育质量和办学效益。"

您认为：

1、上述高等教育管理体制改革目标（两级管理、以省管为主）在贵省（自治区、直辖市）实现情况（请在所选项字母前打"√"）：

A.很好；

B.好；

C.比较好；

D.不好；

E.说不清

2、近十年我国高等教育管理体制改革（两级管理、以省管为主）取得的进展（请在所选项字母前打"√"）：

A.非常明显；

B.明显；

C.比较明显

D.不明显；

E.说不清

3、当前高等教育"中央和省两级管理、以省管为主"体制运行中存在的主要问题是（多项选择，请在所选项字母前打"√"）：

A.中央政府权力下放不彻底；

B.省级政府决策、统筹权力（事权、人权）不够；

C.省级政府决策、统筹能力（组织、协调、指导）不够；

D.省级政府统筹资源（财力）不够；

E._____。

4、影响高等教育"中央和省两级管理、以省管为主"新体制运行的主要因素是（多项选择，请在所选项字母前打"√"）：

A.中央与省级政府高等教育管理职责不清；

B.中央政府对高校直接管理过多；

C.省级政府自身决策、统筹能力不够；

D.省级政府高等教育统筹资源（财力）缺乏；

E._____。

5、加大省级人民政府发展和管理本地区教育的权力以及统筹力度，需要（多项选择题，请在所选项字母前打"√"）：

A.从法律上进一步明确中央与省级政府的权责；

B.减少中央直属高校的数量；

C.强化省级政府的决策、统筹能力；

D.加大中央财政转移支付力度；

E._____。

6、中央政府在高等教育管理方面的主要职责应该是（多项选择题，请在所选项字母前打"√"）：

A.制定大政方针；

B.制订教育标准；

C.编制教育发展规划；

D.发布教育信息；

E.促进教育均衡。

F._____。

7、省级人民政府在高等教育管理方面的主要职责应该是（多项选择题，请在所选项字母前打"√"）：

A.贯彻执行国家高等教育政策、方针；

B.编制本省高等教育发展规划；

C.筹措本省高等教育发展经费；

D.实施高等教育质量监控；

E.发布本省高等教育信息。

F._____。

8、中央政府对高等教育管理存在的突出问题是（多项选择题，请在所选项字母前打"√"）：

A.对高等教育直接管理过多，宏观管理不够；

B.对直属高校支持较多，对地方高校重视不够；

C.划一管理较多，因地制宜、分类指导不够；

D.政策随意性太强，依法管理不够；

E.调动地方积极性、发挥地方政府管理作用不够。

F.＿＿＿＿＿＿＿＿＿＿＿＿＿＿＿＿。

9、省级政府对高等教育管理存在的主要问题是（多项选择题，请在所选项字母前打"√"）：

A.微观管理较多，宏观管理不够；

B.管理人员素质不高，管理能力较弱；

C.部门之间协调不够，难以形成合力；

D.管理方式陈旧，发挥社会中介组织作用不够；

E.高等教育资源缺乏，调节能力较弱。

F.＿＿＿＿＿＿＿＿＿＿＿＿＿＿＿＿。

10、省级政府对部属高校的统筹情况（请在所选项字母前打"√"）：

A.好

B.较好

C.一般

D.不好

E.说不清

11、影响省级政府对部属高校统筹管理的主要因素（多项选择题，请在所选项字母前打"√"）：

A.中央与省级政府分工不明确

B.部属高校不愿意接受地方政府领导

C.地方政府没有能力领导部属高校

D.地方政府不愿意给予部属高校与所属高校同等待遇

12、您对社会中介组织参与高等教育管理的看法是（请在所选项字母前打"√"）：

A、很有必要，有助于各级政府转变管理职能；

B、没有必要，对中介组织的公信力缺乏信心；

C、可以部分参与。

D、说不清。

13、请列出贵省已建立的高等教育社会中介组织名称：

A、_____。

B、_____。

C、_____。

D、_____。

E、_____。

14、请列出中央政府亟需下放给省级政府的高等教育管理权力：

A._____

B._____

C._____

D._____

E._____

15、请列出贵单位与高等教育管理相关业务处室名称及在编人数。

A._____，编制　　人。

B._____，编制　　人。

C._____，编制　　人。

D._____，编制　　人。

E._____，编制　　人。

16、您所在处室名称：_____，编制　　人。

17、您所在处室主要职能是：

A、

B、

C、

D、

18、您所在处室人员学历结构是：博士　人，硕士　人，学士　人，其它　人。

19、您对实施"中央和省级人民政府两级管理、以省级人民政府管理为主的新体制"的建议：

附录二 问卷调查分析报告

一、问卷设计指导思想

通过问卷调查，了解各省市"两级管理、以省管为主"高等教育管理新体制（以下简称"新体制"）实际运行情况，目前存在的突出问题及对进一步完善新体制的建议。问卷包括 11 个选择题，2 个开放性题目。

二、问卷发放及回收情况

问卷通过电子邮件和函件方式发放全国 31 个省（直辖市、自治区）教育厅（或教委）高等教育主管部门（高教处、科技处和学位办），实际回收 26 份，其中高教处 14 份，高教处（学位办）3 份；科技处 1 份，科技处（学位办）4 份；学位办 4 份。

三、问卷数据统计

题号	题　目	回答结果				
		A	B	C	D	E
1	新体制改革目标实现情况	很好（5）	好（3）	比较好（15）	不好（3）	
2	近十年新体制改革取得的进展	非常明显（4）	明显（11）	比较明显（8）	不明显（3）	
3	当前新体制运行中存在的主要问题是	中央权力下放不够(17)	省级统筹权力不够（5）	省级统筹能力不够（3）	省级统筹资源不够(11)	
4	影响新体制运行的主	两级管理职	中央对高校	省级统筹能	省级统筹资	

	要因素是	责不清（7）	直接管理过多（14）	力不够（4）	源缺乏（12）	
5	加大省级政府统筹力度需要：	从法律上明确两级权责（16）	减少直属高校数量（3）	强化省级统筹能力（14）	加大财政转移支付（16）	
6	中央政府高教管理职责应是：	制定方针（24）	制订标准（18）	编制规划（22）	发布信息（17）	
7	省级政府高教管理职责应是：	贯彻方针（22）	编制规划（23）	筹措经费（21）	质量监控（21）	优化环境（17）
8	中央政府对高等教育管理的突出问题是：	直接管理过多（17）	对直属高校支持多（22）	划一管理较多（22）	政策随意性太强（6）	
9	省级政府对高等教育管理的主要问题是：	微观管理较多（15）	管理能力较弱（8）	部门协调不够（19）	管理方式陈旧（14）	经费不足
10	省级政府对部属院校的统筹情况	好（2）	较好（4）	一般（10）	不好（3）	说不清（3）
11	影响省级政府对部属高校统筹管理的主要因素是：	中央与省级政府分工不明确（11）	部属高校不愿接受领导（7）	地方没有能力领导（3）	地方不愿给予同等待遇（4）	
12	对中介组织参与高等教育管理的看法是：	很有必要（12）	没有必要	可以部分参与（15）	说不清	

注：表中数字为选择该项人数。

四、问卷数据分析

从问卷反馈情况来看，对目前新体制运行情况可以得出以下几点基本结论：

（一）"两级管理、以省管为主"高等教育管理体制总体运行情况较好，改革取得了明显进展，基本实现了当初改革目标。

对"近十年我国高等教育管理体制改革取得的进展"的问题，有 8 人（32%）认为"比较明显"，有11人（44%）认为"明显"，有 4 人认为"非常明显"，认为"不明显"的只有 2 人；同样，对"我国高等教育管理体制改革目标在当地实现情况"问题的回答，也显示了较高的认同度，有 15 人（60.00%）认为"比较好"，3 人认为"好"，5 人认为"很好"，认为"不好"的只有 2 人。

但不同地域和各省高等教育不同业务管理部门之间对上述问题认识有较

大差异。从地域来说，北京、天津两个直辖市认为高等教育管理体制改革目标在当地实现情况"很好"，近十年我国高等教育管理体制改革取得的进展"非常明显"和"明显"。这或许同这两市高等教育发达、高等教育资源较丰富、对高等教育统筹决策能力较强有关。

从高等教育不同业务管理部门的认知情况来看，科研管理部门对高等教育管理体制改革认同度最高，已回收的 4 份来自科研管理部门的问卷，有 3 份认为高等教育管理体制改革目标在当地实现情况"很好"，1 份认为"好"。同样，有 3 份认为近十年我国高等教育管理体制改革取得的进展"非常明显"，1 份认为"明显"。而来自省学位管理部门的评价则较负面，已回收的 4 份问卷，有 2 份认为高等教育管理体制改革目标在当地实现情况"不好"，有 2 份认为"比较好"。对近十年我国高等教育管理体制改革取得的进展，有 3 人认为"比较明显"，有 1 人认为"明显"。这或许是由于教育部对各省科研管理工作干预较少，而国务院学位管理部门则对学位授权审核实施严格控制有关。这从问卷 13 题关于"对中央政府亟需下放给省级政府的高等教育管理权力"的列举事项中得到了印证，13 份答卷有 9 份（69.23%）列举了应下放"学位授予单位审核及学位点增设审批权"。

（二）"两级管理、以省管为主"高等教育管理体制问题依然比较突出。主要表现在如下几方面：

1、中央与地方政府高等教育管理权责不清

对加大省级人民政府发展和管理本地区教育的权力以及统筹力度需要采取的措施的问题，有 15 人（60.00%）认为"需要从法律上进一步明确中央与省级政府的权责"；同时，有 10 人（40.00%）认为影响省级政府对部属高校统筹管理的主要因素之一是"中央与省级政府分工不明确"。

2、中央政府宏观管理需要加强

有 16 人（64%）认为中央政府对高等教育管理存在的突出问题之一是"对高等教育直接管理过多，宏观管理不够"；有 16 人（64%）认为当前高等教育管理新体制运行中存在的主要问题之一是"中央政府权力下放不彻底"；有 13 人（52%）认为影响高等教育管理新体制运行的主要因素之一是"中央政府对高校直接管理过多"。

3、中央与省级政府管理方式均需改变

有 21 人（84%）认为中央政府对高等教育"划一管理较多，因地制宜、分类指导不够"；"对直属高校支持较多，对地方高校重视不够"。有 16 人（64%）认为要加大省级政府对高等教育的统筹力度，需要"加大中央财政转移支付力度"。

有 14 人（56%）认为省级政府对高等教育管理存在的主要问题之一是"管理方式陈旧，发挥社会中介组织作用不够"；从反馈情况来看，建立高等教育社会中介组织的省份不多，已建立的也较为单一，主要是学会、研究会等组织，设立专门评估机构的只有 2 个。对社会中介组织参与高等教育管理的看法，有 11 人（44%）认为"很有必要，有助于各级政府转变管理职能"，有 15 人（60%）认为"可以部分参与"。

4、省级政府统筹能力显得不足

有 11 人（44%）认为当前高等教育管理新体制运行中存在的主要问题之一是"省级政府统筹资源（财力）不够"；有 12 人（48%）认为影响高等教育管理新体制运行的主要因素之一是"省级政府高等教育统筹资源（财力）缺乏"。对"省级政府对高等教育管理存在的主要问题"的回答，有 8 人（32%）认为"管理人员素质不高，管理能力较弱"，有 18 人（72%）认为"部门之间协调不够，难以形成合力"。对部属高校的统筹情况，有 10 人（40%）认为"一般"。

（三）对完善"两级管理、以省管为主"高等教育管理体制的建议

1、认为中央政府应下放的高等教育管理权力

受调查者（其中 13 人）认为"中央政府应下放的高等教育管理权力"依次为：

(1) 学位授权审核和硕士点审批（9 人）；

(2) 专业设置权（8 人）；

(3) 招生计划制定权（5 人）；

(4) 高校评估权（3 人）；

(5) 高校设置审批权（2 人）；

(6) 学费自行定价权（2 人）。

2、对中央政府高等教育管理的政策建议

(1) 区分责任和授权，中央不宜管理得过细。加强中央宏观调控与引导，加大省级管理权限；应将具体管理工作下放给省级管理，充分发挥省级的作用，减少各种具体事务由教育部一竿子插到底的工作方式。

(2) 理顺体制，教育部以制订教育发展战略为主，教育部不再直接管理高等学校。在教育部指导下，由各省级人民政府管理高等学校。

(3) 中国地域广阔、情况千差万别，应鼓励地方从实际情况出发制定政策，国家加大宏观管理与监督。高等教育发展应充分结合地方经济社会发展，突出地方特色。

(4) 减少对直属高校的直接管理项目；中央应加大对地方高校的投入，对地方高校在各种项目立项或专项上予以倾斜。否则，难以体现教育的公平性。

(5) 减少发达省市部属高校数量，适当增加边远地区部属高校数量；

(6) 中央应对全国高校生均拨款规定最低标准，保证基本的办学经费。

(7) 地方本科高校的主要领导任命应报教育部备案，减少地方配置高校主要领导的随意性。

(8) 省级人民政府要练好内功，加强自身统筹能力。

附录三 国家关于中央与地方高等教育管理关系政策调整变化简表

一、新中国成立至改革开放初期（1949-1985 年）

文件名 1：各大行政区高等学校管理暂行办法（1950 年 5 月 5 日政务院颁布）

主要政策规定：

为着目前更有效地管理全国高等学校（包括大学、独立学院及专科学校），除华北区高等学校由中央教育部直接领导外，本院特作如下规定：

1、各大行政区高等学校暂由各大行政区教育部或文教部代表中央教育部领导。

2、各大行政区大学校长、副校长由各大行政区最高行政机关提名，经中央教育部同意后，由部呈经政务院提请中央人民政府委员会任免；独立学院院长、副院长及专科学校校长、副校长由各大行政区最高行政机关提名，经中央教育部同意后，提请政务院任免。

3、各大行政区高等学校的重要方针，除由中央教育部作一般性的统一规定外，各大行政区教育部或文教部亦得作适应地方性之规定，但须报请中央教育部核准后始得执行。

4、各大行政区高等学校的预算、决策由各大行政区教育部或文教部审核后，呈报中央教育部备案。

5、除上第二、三、四条以外有关各大行政区高等学校的事项，如学校之设置、合并或停办，应专案报请中央教育部核准；学校组织或课程，教职员工名册、学生名册、毕业生名册，新生名册等应在一定时限内向中央教育部报告；临时发生的重大事项，须随时向中央教育部报告；定期综合性报告的时限暂定每两月（双月底）一次。

6、私立高等学校校长、副校长之聘任与解聘及学校之立案或撤销立案，由各大行政区教育部或文教部核准后，呈报中央教育部备案；其余有关高等学校事项，除本条所规定者及预决算外，适用第一、三、五条之规定。

文件名 2: 关于高等学校领导关系问题的决定（1950 年 7 月 28 日政务院通过）
主要政策规定：

全国高等学校以由中央人民政策教育部统一领导为原则。为使高等教育更有效地为国家建设服务，并简化行政手续，以利学校工作的进行，特对高等学校的领导关系作如下之决定：

1、中央人民政府教育部（以下简称中央教育部）对全国高等学校（军事学校除外，以下同）均负有领导的责任，各大行政区人民政府或军政委员会教育部或文教部（以下简称大行政区教育部）均有根据中央统一的方针政策，领导本区高等学校的责任。

(1) 凡中央教育部所颁布的关于全国高等教育的方针、政策与制度、高等学校法规，关于教育原则方面的指示，以及对于高等学校的设置变更或停办，大学校长、专门学院院长及专科学校校长的任免，教师学生的待遇，经费开支的标准等决定，全国高等学校均应执行。某一地区、某一学校得因特殊情况作因时因地制宜的决定，但须事先经大行政区教育部建议或审查，报请中央教育部核准。

(2) 中央教育部为及时了解情况、研究问题、总结经验，得指定某一学校直接向部作专件报告。各大行政区教育部对本区高等学校亦有同样职权。

(3) 在全国高等教育建设计划未经中央教育部统一制定以前，在全国高等教育经费未由中央教育部统一分配以前，各大行政区高等教育建设计划及高等教育经费分配计划，由各大行政区教育部负责制订报请中央教育部批准施行。

2、华北区内高等学校，除已交由省政府领导者外，由中央教育部直接领导。其他各大行政区内高等学校，暂由中央教育部委托各大行政区教育部直接领导；中央教育部得视条件，有计划、有步骤地将各地区高等学校收归中央教育部直接领导。各地高等学校应与所在地省、市人民政府密切联系，省、市人民政府对当地高等学校应在政治学习、参观实习、警卫及一般人事等方面予以积极协助。

3、综合性大学及与几个业务部门有关的专门学院，归中央或大行政区教育部直接领导。教育部关于此类学校的业务教育及参观实习，应与政府其他有关部门密切联系，会商输，各有关部门应积极负责予以具体帮助和指导。只与某一业务部门有关或主要与某一业务部门有关的高等学校，其日常行政、教师调配、经费管理、设备及参观实习等事宜，得由中央或各大行政区人民政府或军政委员会有关部门直接领导。各有关部门应增设管理教育的人员或机构，负责执行上述领导的任务，但仍须执行上述（一）项各款之规定。

4、根据上述原则，高等学校的领导关系如有必要变更时，必须有计划、有步骤、有准备地进行，并须经有关方面协商妥贴后，由中央教育以命令行之。

文件名 3: 关于修订高等学校领导关系的决定（1953 年 5 月 29 日政务院颁布）
主要政策规定：

为使高等教育密切联系实际，有计划地培养各类高级建设人才，以适应国家大规模经济建设的需要，中央人民政府高等教育部必须与中央人民政府各有关业务部门密切配合，有步骤地对全国高等学校实行统一与集中的领导。

1、中央高等教育部根据国家的教育方针、政策与学制，遵照中央人民政府政务院关于全国高等教育的各项决定与指示，对全国高等学校（军事学校除外，以下同）实施统一的领导。

凡中央高等教育部所颁布的有关全国高等教育的建设计划（包括高等学校的设立或停办、院系及专业设置、招生任务、基本建设任务）、财务计划、财务制度（包括预决算制度、经费开支标准、教师学生待遇等）、人事制度（包括人员任免、师资调配等）、教学计划、教学大纲、生产实习规程，以及其他重要法规、指示或命令，全国高等学校均应执行。其有必要变通办理时，须经中央高等教育部或由中央高等教育部报请政务院批准。

2、为利于高等学校的发展、建设及教学密切结合实际，关于高等学校的直接管理工作，得按下列原则由中央高等教育部与中央有关业务部门分工负责：

(1) 综合性大学由中央高等教育部直接管理。

(2) 与几个业务部门有关的多科性高等工业学校由中央高等教育直接管理。但如中央高等教育部认为有必要，得与某一中央有关业务部门协商，委托其管理。

(3) 为某一业务部门或主要为某一业务部门培养干部的单科性高等学校，可以委托中央有关业务部门负责管理。但如有关业务部门因实际困难不能接受委托时，应由中央高等教育部管理。

(4) 对某些高等学校，中央高等教育部及中央有关业务部门认为直接管理暂时有困难时，得委托学校所在地的大区行政委员会或省、市人民政府或民族自治区人民政府负责管理。

3、管理高等学校的中央各业务部门或地方政府，应按照政务院及中央高等教育部有关高等教育的各项规定，管理所属高等学校的各项工作，并向中央高等教育部提出建议和报告。其具体职责由中央高等教育部与中央有关业务部门根据本决定的精神商订之。中央各业务部门和地方政府管理高等学校，如遇有规定未尽事宜，应与中央高等教育部协商处理。

4、管理高等学校的中央各业务部门应设专管机构，与中央高等教育部经常联系，并在其指导下，切实负责执行管理高等学校的工作。管理高等学校的中央各业务部门和地方政府的首长应经常关心和定期检查此项管理工作之进行。

5、关于高等学校的专业课教材、设备、生产实习、科学研究及其他有关与生产企业机关合作事项，中央高等教育部应与中央及地方各有关业务部门协商处理。各有关业务部门应积极予以协助。

6、各高等学校应与所在地大区行政委员会及省、市人民政府密切联系，取得其指导与帮助。各大区行政委员会和省、市人民政府对当地高等学校负有指导、监督的责任，对学校的政治领导、干部学习、基本建设、一般人事及警卫等工作应予以积极的帮助和指导；但非经中央高等教育部批准，不得擅令学校停课、放假或改变学校的教学计划。

文件名 4：教育部关于交接下放高等学校的通知（1958 年 7 月 28 日）
主要政策规定：

1、我部这次下放的学校，凡是过去已经委托各地高教厅（局）或教育厅

（局）代管的高等学校，均请高教厅（局）或教育厅（局）代表我部向省、市人民委员会办理移交；没有委托地方代管的学校，在省、市高教厅（局）或教育厅（局）指导下由校（院）长代表我部向省、市人民委员会办理移交；关于交接办法可请示省、市人民委员会决定。

中央各部下放归省、市领导的高等学校的交接问题，请各主管部径与有关省、市人民委员会商洽办理。

我部旁交中央各部门领导的高等学校的交接问题，由我部与有关部门商洽办理。

2、各有关高等学校有下放或旁交后，关于教学、行政工作或其他问题的请示报告，均直接报送当地高教（教育）厅（局）或中央主管部，但有关反映情况的专题报告、综合报告，仍同时抄报我部三份。

3、关于中央各有关部下放高等学校和中等专业学校的交接办法，请各部参照本通知自行拟订，并直接与省、市、自治区人民委员会联系。

文件名 5：中共中央、国务院关于教育事业管理权力下放问题的规定（1958 年 8 月 4 日）

主要政策规定：

为了充分地发挥各省、市、自治区举办教育事业的主动性和积极性，并且加强协作区的工作，实行全党、全民办学，加速实现文化革命和技术革命，今后对教育事业的领导，必须改变过去条条为主的管理体制，根据中央集权和地方分权相结合的原则，加强地方对教育的领导管理。为此，特作如下规定：

1、今后教育部和中央各主管部门，应该集中主要精力研究和贯彻执行中央的教育方针和政策；综合平衡全国的教育事业发展规划；在中央领导下协助地方党委进行政治思想工作；指导教学和科学研究工作；组织编写通用的基本教材、教科书；拟定必要的全国通用的教育规章、制度；对高等学校教师进行必要的调配；及时总结经验。并且应该办好直接管理的学校。

2、……新建高等学校和中等工科技术学校，凡能自力更生解决问题的，地方可自行决定；需要协作区内各省、市、自治区合作筹建的，由协作区协商决定。以上新建的高等学校无论公办或民办，由省、市、自治区政府报中央教育部备案即可。需要中央教育部或其他部门支援的新建高等学校，须事先报中央教育部和主管业务部门批准。

3、各地区的招生计划，由省、市、自治区和协作区初步汇总和平衡；然后由中央进行全国范围的汇总和必有的平衡。

关于各类学校招生地区和学生来源，主要为省、市、自治区和主要为协作区培养人才的学校，由省、市、自治区和协作区调剂平衡。中央各部学校的招生和各协作区间招生的平衡，由中央教育部会同有关部门统筹安排。

高等学校招生的时候，各省、市、自治区应当首先保证中央各部学校的招生任务；其次保证经过协议确定的外地学校的招生任务；然后，完成本省、市、自治区学校的招生任务。

4、所有学校的政治思想工作及各种社会活动，都归地方党委领导。

5、各地方根据因地制宜、因校制宜的原则，可以对教育部和中央各主管部门颁发的各级各类学校的指导性教学计划、教学大纲和通用的教材、教科书，领导学校进行修订补充，也可以自编教材和教科书。并供给学校必须的参考资料和组织各校的生产实习工作。

6、所有学校勤工俭学的生产计划，都由地方审查批准，纳入地方的生产计划。并组织各方面的协作，帮助解决原材料供应和产品推销问题。

7、国务院科学规划委员会和中央各部分配给地方学校的科学研究任务，地方应督促设法完成；地方分配给中央各部学校的科学研究任务，中央各部应该督促学校设法完成。地方应注意组织学校、科学研究机关、生产企业之间在科学研究工作方面的协作，并帮助解决科学研究工作的条件。

8、地方学校的干部和教师，全部划归地方管理。地方并应协助管理中央管理的干部。地方学校的干部和教师，中央如有需要，可以与地方协商抽调。中央各部学校的干部和教师，地方如有需要，商得主管部门的同意，也可以调用。协作区内各省、市、自治区间干部、教师的调剂，由协作区协商解决，必要时可以商定相互支援师资的计划。

所有学校教职员工工资的调整评议工作，都由地方统一领导和审查批准。

9、过去国务院或教育部颁的全国通用的教育规章、制度，地方可以结合当前工作发展情况，因地制宜、因事制宜地决定存、废、修订，或者另行制订适合于地方情况的制度（包括各项定额标准和执行办法）。

10、关于高等和中等专业学校毕业生的分配，国家经济委员会和中央各部只统筹分配中央各部学校的毕业生和归中央抽成分配的毕业生，其余由各省、市、自治区自行分配，必要时，协作区可在本协作区内进行适当调剂。

11、关于派遣出国留学生，接受来华留学生，邀请国外教师来华荼、讲学、访问，以及派遣教师出国工作、讲学、访问等事项，由中央各主管部门统筹安排。分配给地方的任务，地方应设法完成。

关于分配回国留学生的工作，由国家经济委员会负责。

文件名 6：中共中央、国务院关于加强高等学校统一领导、分级管理的决定（试行草案，1963 年 6 月 26 日）

主要政策规定：

1、为了加强对高等学校的领导和管理，中共中央、国务院决定对高等学校实行中央统一领导，中央和省、市、自治区两级管理的制度。

在高等教育工作中，各地区、各部门、各学校都要贯彻执行中央统一的方针政策；都要遵守中央统一规定的教学制度和其他重要的规章制度；都要按照全国统一的高等教育事业规划和计划办事。

在中共中央和国务院的统一领导下，中央教育部，国务院其他各部、委（以下简称中央各业务部门）和省、市、自治区人民委员会，对高等学校的管理工作进行适当的分工合作，共同办好高等学校。

各中央局代表中央对大区内的高等教育工作，进行经常的督促和检查。各省、市、自治区党委应该加强对本地区高等学校的领导，并协同中央教育部和中央各业务部门，把办好全国重点高等学校，作为当前高等教育中的首要任务。

2、中央教育部是在中共中央和国务院的直接领导下，管理全国高等学校的行政机关，其主要的职责如下：

(1) 编制高等教育的发展规划和事业计划，审核高等学校的设置、停办和领导管理关系的改变，提出高等学校的发展规模和修业年限的方案，报国务院批准。批准高等学校的专业设置。

(2) 规定高等学校教学计划和教学大纲的制定原则，并组织制定指导性的教学计划和教学大纲；统一规划高等学校通用教材的选编和审查工作；拟定高等学校师生参加生产劳动、生产实习等规章制度。

(3) 制定高等学校科学研究工作的规章制度；推动高等学校科学研究工作的开展和学术交流；审核高等学校科学研究机构的设置、调整和撤销的方案。

(4) 确定招收研究生的高等学校名单、专业和招生计划，对高等学校的研究生培养工作实行统一的管理。

(5) 组织高等学校的招生工作；协助国家计划委员会编制高等学校毕业生和研究生统一的分配计划；主持和配合有关部门管理高等学校毕业生的劳动实习工作。

(6) 提出任免直接管理的高等学校正、副校院长的建议，报国务院批准；制定高等学校教师的培养、进修、提升和调动的规章制度；审批高等学校教授、副教授的名单。

(7) 对高等学校的思想政治工作、教学工作、科学研究工作和学生的生产劳动，进行督促和检查。

……

4、省、市、自治区人民委员会，在省、市、自治区党委统一领导下，根据中央规定的方针政策、各项计划和规章制度，对本地区内高等学校进行下列工作：

(1) 督促检查高等学校贯彻执行中央的方针政策、各项计划和规章制度。

(2) 对本地区高等学校的设置、撤销和调整，学校的发展规模、专业设置和企业年限提出建议；对直接管理的高等学校的事业计划提出建议。

(3) 协助中央教育部和中央各业务部门，检查高等学校教学工作的情况，交流教学经验，提高教学质量。

(4) 加强高等学校的思想政治工作；负责安排学校师生的社会活动和生产劳动；解决学校生活和其它由地方负责的物资供应问题；对学校的总务工作进行督促和检查；会同有关部门管理高等学校毕业生的劳动实习工作。

(5) 负责领导直接管理的高等学校的各项工作；提出任免直接管理的高等学校正、副校院长的建议，经中央教育部转报国务院批准。

省、市、自治区高教（教育）厅、局，在省、市、自治区人民委员会的领导下，应该切实做好上述行政管理工作，直接管理一部分高等学校，并在工作中同时对中央教育部负责。各省、市、自治区有关业务厅、局，可以协同高教（教育）厅、局分工管理与本部门业务有关的高等学校，并在工作中接受中央有关业务部门的业务指导。

文件名 7：中央中央关于高等院校下放问题的通知（1969 年 10 月 26 日）
主要政策规定：

1、教育部所属的高等学校全部交由所省、市、自治区革委会领导。国务院各部门所属的高等学校，设在北京的仍由各部门领导，设在外地的院校可交由当地省、市、自治区革委会领导，与厂矿结合办校的也可交由厂矿革委会领导。

2、下放给地方的高等学校的撤销、合并、搬迁及专业调整等问题，由有关省、市、自治区革委会会同主管部门军管会共同研究，征求有关方面的意见，提出方案，经国家计委审核，报中央批准。

文件名 8：中共中央批转《教育部党组关于建议重机关报颁发关于加强高等学校统一领导、分级管理的决定的报告》(1979 年 9 月 18 日)

主要政策规定：

文化大革命期间，全国高校都下放给省、自治区、直辖市领导和管理，原有的规章制度遭受彻底的破坏，情况虽有好转，但还存在分工不清、职责不明的情况，有些重大问题，如高等学校招生规模、修业年限、专业设置等，教育部还未能完全实现统一管理。此决定的重新颁发是为了有利于改进高等学校的管理和稳定教学秩序。具体规定如下：

1、中共中央、国务院决定对高等学校实行中央统一领导，中央和省、市、自治区两级管理的制度。在高教工作中，各地区、各部门、各学校都要贯彻执行中央统一的方针政策；都要遵守中央统一规定的教学制度和其他重要的规章制度；都要按照全国统一的高等教育事业规划和计划办事。

2、教育部是在中共中央和国务院的直接领导下，管理全国高等学校的行政机关，其主要的职责是：

(1) 编制高等教育的发展规划和事业计划，审核高等学校的设置、停办和领导管理关系的改变，提出高等学校的发展规模和修业年限的方案，报国务院批准。批准高等学校的专业设置。

(2) 规定高等学校教学计划和教学大纲的制定原则，并组织制定指导性的教学计划和教学大纲；统一规划、组织高等学校通用教材的选编和审查工作；拟定高等学校师生参加生产劳动实习等规章制度。

(3) 制定高等学校科学研究工作的规章制度；推动高等学校科学研究工作的开展和学术交流；审核高等学校科学研究机构的设置、调整和撤销的方案。

(4) 确定招收研究生的高等学校名单、专业和招生计划，对高等学校的研究生培养工作实行统一的管理。

（5）组织高等学校的招生工作；协助国家计划委员会编制高等学校毕业生和研究生统一的分配计划。

（6）提出任免直接管理的高等学校正、副校院长的建议，报国务院批准；制定高等学校教师的培养、进修、提升和调动的规章制度；审批高等学校教授的名单。

（7）对高等学校的思想政治工作、教学工作、科学研究工作和学生的生产劳动，进行督促和检查。

（8）管理好全国重点高校，特别是直接管理的重点高校。

……

4、省、市、自治区人民委员会，在省、市、自治区党委统一领导下，根据中央规定的方针政策、各项计划和规章制度，对本地区内高等学校进行下列工作：

（1）督促检查高等学校贯彻执行中央的方针政策、各项计划和规章制度。

（2）对本地区高等学校的设置、撤销和调整，学校的发展规模、专业设置和企业年限提出建议；对直接管理的高等学校的事业计划提出建议。

（3）协助中央教育部和中央各业务部门，检查高等学校教学工作的情况，交流教学经验，提高教学质量。

（4）加强高等学校的思想政治工作；负责安排学校师生的社会活动和生产劳动；解决学校生活和其它由地方负责的物资供应问题；对学校的总务工作进行督促和检查。

（5）负责领导直接管理的高等学校的各项工作；提出任免直接管理的高等学校正、副校院长的建议，经中央教育部转报国务院批准。审批高校副教授的名单，并送教育部备案。

二、上世纪八十年代中期至本世纪初（1985 年至 2010 年）

文件名 9：中共中央关于教育体制改革的决定（1985 年 5 月 27 日）

主要政策规定：

面对着我国对外开放、对内搞好，经济体制改革全面展开的形势，面对着世界范围的新技术革命正在兴起的形势，我国教育事业的落后和教育体制的弊端就更加突出了。现在的主要问题是：在教育事业管理权限的划分上，政府有关部门对学校主要是高等学校统得过死。使学校缺乏应有的活力；而政府应该加以管理的事情，又没有很好地管理起来。

中央认为，要从根本上改变这种状况，必须从教育体制入手，有系统地进行改革。改革管理体制，在加强宏观管理的同时，坚决实行简政放权，扩大学校的办学自主权。

4、改革高等学校的招生计划和毕业生分配制度，扩大高等学校办学自主权当前高等教育体制改革的关键，就是改变政府对高等学校统得过多的管理体制，在国家统一的教育方针和计划的指导下，扩大高等学校的办学自主权，加强高等学校同生产、科研和社会其他各方面的联系，使高等学校具有主动适应经济和社会发展需要的积极性和能力。

要改革大学招生的计划制度和毕业生分配制度，改变高等学校全部按国家计划统一招生，毕业生全部由国家包下来分配的办法。

5、加强领导，调动各方面积极因素，保证教育体制改革的顺利进行

为了调动各级政府办学的积极性，实行中央、省（自治区、直辖市）、中心城市三级办学的体制。中央部门和地方办的高等学校，要优先满足主办部门和地方培养人才的需要，同时要发挥潜力，接受委托，为其他部门和单位培养学生，积极倡导部门、地方之间联合办学。

为了加强党和政府对教育工作的领导，成立国家教育委员会，负责掌握教育的大政方针，统筹整个教育事业的发展，协调各部门有关教育的工作，统一部署和指导教育体制的改革。在简政放权的同时，必须加强教育立法工作。今后地方发展教育事业的权力和责任更大了，各级党委和政府都要按照党的十二大的决策，把教育摆到战略重点的地位，把发展教育事业作为自己的主要任务之一，上级考查下级都要以此作为考绩的主要内容之一。

文件名 10：高等教育管理职责暂行规定（1986 年 3 月 12 日国务院发布）
主要政策规定：

为了加强和改进高等教育的宏观指导和管理，扩大高等学校的管理权限，进一步调动学校和广大师生员工、办学单位和用人部门等各方面的积极性，使高等教育更好地为社会主义现代化建设服务，现就国家教育委员会、国务院有关部门和省、自治区、直辖市人民政府对高等教育的管理职责及扩大高等学校的管理权限，作如下规定：

国家教育委员会在国务院的领导下，主管全国高等教育工作，其主要职责是：

(1) 贯彻执行党和国家有关高等教育的方针政策、法律和行政法规，制订高等教育工作的具体政策和规章。指导、检查各省、自治区、直辖市，国务院有关部门和高等学校对党和国家有关高等教育的方针政策、法律和行政法规的贯彻执行。

(2) 组织进行全国专门人才需求预测，编制全国高等教育事业发展规划和年度招生计划，调整高等教育的结构和布局。审批高等学校（含高等专科学校，下同）、研究生院的设置、撤销和调整。制订招生和毕业生分配工作的规定，编制国家统一调配的毕业生年度分配方案。

(3) 制订高等学校、研究生院的设置标准。制订高等学校的基本专业目录与专业设置标准，组织审批专业设置。

(4) 会同国务院有关部门制订高等教育的基建投资、事业经费、人员编制、劳动和统配物资设备的管理制度和定额标准的原则；对中央一级高等教育的基建投资、教育和科学研究经费、专项费用、外汇和统配物资设备的分配方案提出指导性建议；掌管用于调节高等教育协调发展和支持重点学科建议的基建投资、事业经费和人员编制。管理国外高等教育援款、贷款工作。

(5) 制订高等学校人事管理的规章制度，规划、组织高等学校师资队伍和干部队伍建设。根据国务院《关于实行专业技术职务聘任制度的规定》，对高等学校这方面的工作进行组织和指导。

(6) 指导高等学校的思想政治工作、教学工作、体育工作、卫生工作和总务工作。确定研究生、本科生、专科生的修业年限和培养规格。制订指导性的教学文件，规划、组织教材编审。组织检查、评估高等学校的教育质量。

(7) 指导和管理高等学校和科学研究机构招收、培养研究生工作。指导学位授予工作。指导和管理高等学校博士后科研流动站工作。

(8) 指导高等学校的科学研究工作。配合国家科学技术研究的主管部门，组织制订高等学校科学研究的规划和管理制度。促进学校与科学研究、生产、社会等部门的协作、联合及校际合作。

(9) 指导和管理到国外高等学校留学人员、来华留学人员以及对外智力援助的工作，促进高等学校的国际学术交流与合作。

⑽ 组织为高等学校提供教育情报、人才需求信息和考试等方面的服务工作。

⑾ 统一指导各种形式的成人高等教育，编制成人高等教育发展规划，制订和下达年度招生计划。会同国务院有关部门编制继续教育规划。

⑿ 直接管理少数高等学校。

………

3、省、自治区、直辖市人民政府管理本地区内的高等学校，其主要职责是：

⑴ 负责指导、检查本地区内各高等学校对党和国家有关高等教育的方针政策、法律和法规的贯彻执行。

⑵ 组织进行本地区专门人才的需求预测，编制直接管理的高等学校的发展规划、年度招生计划，组织领导招生和毕业生分配工作。对直接管理的高等学校的设置、撤销和调整及专业设置进行审查，向国家教育委员会提出申请或建议。接受国家教育委员会的委托，按照国家有关规定，审批直接管理的高等专科学校所属专业的增设的撤销。

⑶ 负责直接管理的高等学校的基建投资、统配物资设备、事业经费预算的分配和决算的审核。

⑷ 指导直接管理的高等学校的思想政治工作、教学工作、科学研究工作和总务工作。任免学校主要负责人。根据国务字《关于实行专业技术职务聘任制度的规定》，对这些高等学校和部门国务院有关部门直接管理的高等学校这方面的工作，进行组织和指导。帮助本地区内各高等学校的总务工作逐步实现社会化。

⑸ 组织本地区内各高等学校的校际协作和经验交流，进行教育质量的检查与评估。指导和协调高等学校学生在本地区内的生产实习和社会实践。

⑹ 鼓励本地区各高等学校面向社会办学和跨地区、跨部门联合办学。在国家教育委员会指导下，对国务院有关部门直接管理的高等学校，在保证投资、经费和人才需求等条件下，统筹组织联合办学的试点。促进高等学校与科学研究、生产等部门的联合与协作。

⑺ 管理本地区所属成人高等教育。

………

文件名 11：中国教育改革和发展纲要（中发[1993]3 号），中共中央、国务院 1993 年 2 月 13 日印发

主要政策规定：

（18）深化高等教育体制改革。进行高等教育体制改革，主要是解决政府与高等学校、中央与地方、国家教委与中央各业务部门之间的关系，逐步建立政府宏观管理、学校面向社会自主办学的体制。

——在政府与学校的关系上，要按照政事分开的原则，通过立法，明确高等学校的权利和义务，使高等学校真正成为面向社会自主办学的法人实体。要在招生、专业调整、机构设置、干部任免、经费使用、职称评定、工资分配和国际合作交流等方面，分别不同情况，进一步扩大高等学校的办学自主权。学校要善于行使自己的权力，承担应负的责任，建立起主动适应经济建设和社会发展需要的自我发展、、自我约束的运行机制。

政府要转变职能，由对学校的直接行政管理，转变为运用立法、拨款、规划、信息服务、政策指导和必要的行政手段，进行宏观管理。要重视和加强决策研究工作，建立有教育和社会各界专家参加的咨询、审议、评估等机构，对高等教育方针政策、发展战略和规划等提出出咨询建议，形成民主的、科学的决策程序。

——在中央与地方的关系上，进一步确立中央与省（自治区、直辖市）分级管理、分级负责的教育管理体制。中央直接管理一部分关系国家经济、社会发展全局并在高等教育中起示范作用的骨干学校和少数行业性强、地方不便管理的学校。在中央大政方针和宏观规划指导下，对地方举办的高等教育的领导和管理，责任和权力都交给省（自治区、直辖市）。按照这个精神中央要进一步简政放权，扩大省（自治区、直辖市）的教育决策权和包括对中央部门所属学校的统筹权。省（自治区、直辖市）在充分论证、严格审议程序，自选解决办学经费，以及统筹中央和地方所属高校毕业生就业去向的条件下，有权决定地方高等学校招生规模和专业设置。设置高等学校，由全国高等学校设置评议委员会评议，国家教委审批。

——在国家教委与中央业务部门的关系上，国家教委负责统筹规划、政策指导、组织协调、监督检查、提供服务。中央业务部门要加强对本行业的人才预测和规划，协助国家教委指导本行业的人才培养工作，负责管理其所属学校，包括在国家宏观指导下，决定所属学校的招生规模、专业设置、经费筹措、学生就业等，随着中央业务部门职能的转变和政企分开，中央业务部门所属学校要面向社会，其办学体制和管理体制分别不同情况，采取继续由中央部门办、中央部门和地方政府联合办、交给地方政府办、企业集团参与和管理等不同办法。目前先进行改革试点，逐步到位。

文件名 12：《中华人民共和国高等教育法》(1998 年 8 月 29 日颁布)

主要政策规定：

第十三条　国务院统一领导和管理全国高等教育事业。省、自治区、直辖市人民政府统筹协调本行政区域内的高等教育事业，管理主要为地方培养人才和国务院授权管理的高等学校。

第十四条　国务院教育行政部门主管全国高等教育工作，管理由国务院确定的主要为全国培养人才的高等学校。国务院其他有关部门在国务院规定的职责范围内，负责有关的高等教育工作。

第二十五条　设立高等学校，应当具备教育法规定的基本条件。

设立高等学校的具体标准由国务院制定。

设立其他高等教育机构的具体标准，由国务院授权的有关部门或者省、自治区、直辖市人民政府根据国务院规定的原则制定。

第二十九条　设立高等学校由国务院教育行政部门审批，其中设立实施专科教育的高等学校，经国务院授权，也可以由省、自治区、直辖市人民政府审批。对不符合规定条件审批设立的高等学校和其他高等教育机构，国务院教育行政部门有权予以撤销。

第六十条　国家建立以财政拨款为主、其他多种渠道筹措高等教育经费为辅的体制，使高等教育事业的发展同经济、社会发展的水平相适应。

国务院和省、自治区、直辖市人民政府依照教育法第五十五条的规定，保证国家兴办的高等教育的经费逐步增长。

第六十二条　国务院教育行政部门会同国务院其他有关部门根据在校学生年人均教育成本，规定高等学校年经费开支标准和筹措的基本原则；省、自治区、直辖市人民政府教育行政部门会同有关部门制订本行政区域内高等学校年经费开支标准和筹措办法，作为举办者和高等学校筹措办学经费的基本依据。

文件名 13：中共中央、国务院关于深化教育改革全面推进素质教育的决定
　　　　　　(1999 年 6 月 18 日发布)

主要政策规定：

11. 进一步简政放权，加大省级人民政府发展和管理本地区教育的权力以及统筹力度，促进教育与当地经济社会发展紧密结合。今后 3 年，继续按照"共建、调整、合作、合并"的方式，基本完成高等教育管理体制和布局结构的调整，形成中央和省级人民政府两级管理、以省级人民政府管理为主的新体制，合理配置教育资源，提高教育质量和办学效益。经国务院授权，把发展高等职业教育和大部分高等专科教育的权力以及责任交给省级人民政府，省级人民政府依法管理职业技术学院（或职业学院）和高等专科学校。高等职业教育（包括高等专科学校）的招生计划改由省级人民政府制定，其招生考试事宜由省级人民政府自行确定。

按照《中华人民共和国高等教育法》的规定，切实落实和扩大高等学校的办学自主权，增强学校适应当地经济社会发展的活力。加强对高等学校的监督和办学质量检查，逐步形成对学校办学行为和教育质量的社会监督机制以及评价体系，完善高等学校自我约束、自我管理机制。进一步扩大高等学校招生、专业设置等自主权，高等学校可以到外地合作办学。深化学校内部管理体制改革，进一步精简机构，减员增效。改革分配和奖励制度，实行多劳多得、优劳优酬。加大学校后勤改革力度，逐步剥离学校后勤系统，推动后勤工作社会化，鼓励社会力量为学校提供后勤服务，发展教育产业。

文件名 14：国家中长期教育改革和发展规划纲要（2010-2020 年）（中共中央、国务院于 2010 年 7 月 29 日发布）

主要政策规定：

（三十八）推进政校分开、管办分离。适应中国国情和时代要求，建设依法办学、自主管理、民主监督、社会参与的现代学校制度，构建政府、学校、社会之间新型关系。适应国家行政管理体制改革要求，明确政府管理权限和职责，明确各级各类学校办学权利和责任。探索适应不同类型教育和人才成长的学校管理体制与办学模式，避免千校一面。完善学校目标管理和绩效管理机制。健全校务公开制度，接受师生员工和社会的监督。随着国家事业单位分类改革推进，探索建立符合学校特点的管理制度和配套政策，克服行政化倾向，取消实际存在的行政级别和行政化管理模式。

（四十五）健全统筹有力、权责明确的教育管理体制。以转变政府职能和简政放权为重点，深化教育管理体制改革，提高公共教育服务水平。明确各级政府责任，规范学校办学行为，促进管办评分离，形成政事分开、权责明确、统筹协调、规范有序的教育管理体制。中央政府统一领导和管理国家教育事业，制定发展规划、方针政策和基本标准，优化学科专业、类型、层次结构和区域布局。整体部署教育改革试验，统筹区域协调发展。地方政府负责落实国家方针政策，开展教育改革试验，根据职责分工负责区域内教育改革、发展和稳定。

（四十六）加强省级政府教育统筹。进一步加大省级政府对区域内各级各类教育的统筹。统筹管理义务教育，推进城乡义务教育均衡发展，依法落实发展义务教育的财政责任。促进普通高中和中等职业学校合理分布，加快普及高中阶段教育，重点扶持困难地区高中阶段教育发展。促进省域内职业教育协调发展和资源共享，支持行业、企业发展职业教育。完善以省级政府为主管理高等教育的体制，合理设置和调整高等学校及学科、专业布局，提高管理水平和办学质量。依法审批设立实施专科学历教育的高等学校，审批省级政府管理本科院校学士学位授予单位和已确定为硕士学位授予单位的学位授予点。完善省对省以下财政转移支付体制，加大对经济欠发达地区的支持力度。根据国家标准，结合本地实际，合理确定各级各类学校办学条件、教师编制等实施标准。统筹推进教育综合改革，促进教育区域协作，提高教育服务经济社会发展的水平。支持和督促市（地）、县级政府履行职责，发展管理好当地各类教育。

（四十七）转变政府教育管理职能。各级政府要切实履行统筹规划、政策引导、监督管理和提供公共教育服务的职责，建立健全公共教育服务体系，逐步实现基本公共教育服务均等化，维护教育公平和教育秩序。改变直接管理学校的单一方式，综合应用立法、拨款、规划、信息服务、政策指导和必要的行政措施，减少不必要的行政干预。

逐步实施高等学校分类入学考试。普通高等学校本科入学考试由全国统一组织；高等职业教育入学考试由各省、自治区、直辖市组织。成人高等教育招生办法由各省、自治区、直辖市确定。

后　记

本书是在作者博士论文的基础上修改完成的。2006 年 9 月，我有幸成为北京师范大学校长钟秉林教授的博士研究生，开始高等教育管理方面的研究。能成为钟老师的弟子当时确实有些喜出望外。由于在省级教育行政部门工作的关系，我较早就"认识"了钟老师（时任教育部高等教育司司长），对钟老师的渊博的学识、温文尔雅的风度甚为钦仰。当了解到钟老师招收高等教育学专业博士生时，我抱着试一试的想法，对能否考上实在没有多大把握。但"皇天不负有心人"，考后不久，就收到了北京师范大学研究生院的录取通知书，正式成为钟老师门下弟子。成为钟老师的弟子后，我欣喜的同时又感到许多莫名的压力，我知道钟老师对弟子要求很严，接下来几年不会轻轻松松度过。我暗下决心：自己必须加倍努力，绝不能让钟老师失望，一定要对得起北京师范大学这一中国最高师范学府的名望。

由于在职攻读学位，我在校学习时间不是很长，但短暂的校园学习时光给我留下了难忘的印象。宿舍里与舍友切磋学术，交流学习生活的方方面面；教室里与师生相互辩难，不时爆发出智慧的"火花"；报告厅里，聆听一位位大师的讲座，享受一道道精神的大餐；还有学校图书馆、教育学部的资料室及校园内外的大小书店，都留下了诸多美好的记忆。

回到工作岗位，事务是繁忙的。尽管如此，我也始终未忘记自己"博士生"的身份，尤其是对博士论文的准备未尝稍懈。几年里，我将本职工作与博士论文的准备、撰写交织在一起。在工作中密切关注所研究领域的最新进展，不断吸收、补充新的研究成果。同时，不断反思自己的工作心得，从实际工作中不断揣摩中央与省级政府在高等教育管理中应有的合理关系，并不断印证已有相关研究成果。为争取按期完成学业，集中精力准备博士学位论文，我推掉了许多应酬，也牺牲了很多"与家人同乐"的闲暇时光，周末、晚上我常常是在书房"闭关"做功课。

博士论文的完成与导师钟秉林老师的精心指导是分不开的。在校期间，钟老师作为一校之长，尽管公务繁忙，但每周还要定期抽出一段时间，询问我的课程学习情况及研究心得，并交流对有关问题的看法；回到工作岗位后，我也经常利用到京出差的机会，专程到校拜访钟老师，当面就论文写作事宜听取钟老师的指教；博士论文开题及论文初稿出来后，钟老师又给我提出了许多宝贵的修改指导意见，使我在研究思路研究方法和一些观点上得到了澄清。总之，攻读博士学位期间，我从钟老师身上学到了很多做学问的方法和做人的真谛，每次见面时钟老师极富针对性的指导，及给我的鼓励和暗暗"施压"，使我获得了巨大的精神动力和自信心，同时也使我在学习和研究上不敢懈怠。2011 年 6 月博士毕业后，我也不时与钟老师见面，钟老师仍给予我工作、生活上多方面的关心。我的博士论文能够在毕业 5 年之久后出版，就是在钟老师的鼎力推荐和督促下得以实现的。在此，也要感谢台湾花木兰文化出版社的垂青，将拙作纳入《高等教育政策与管理研究丛书》中。

对拙作撰写给予极大帮助的还有我的"师兄"赵应生博士。他是钟老师招收的第一个博士生。赵"师兄"尽管年龄较我年轻许多，但他为人睿智，思维敏捷，在高等教育研究方面表现出了很强的功力。与其交谈，使我获益良多，尤其是在我论文开题报告及论文修改过程中，赵师兄给出了许多真知灼见，我的论文能够得以顺利完成，赵师兄功莫大焉。

北京师范大学教育学部周作宇教授、王英杰教授，教育管理学院洪成文教授、杜育红教授在我论文开题及撰写过程中也提供了极大的帮助，在此一并致谢！

最后要感谢我的妻子和女儿，是她们在我遇到挫折，思想上发生动摇、退却时给我以源源不绝的精神动力和坚强的精神支柱。尤其是我女儿经常在我写作停顿一段时间时，就会问我，"爸爸，你博士论文写得怎么样了？"，这让我有如皮鞭在后，不得不奋蹄向前的感觉。现在想来，这种感觉真好！

"博士生"阶段已经结束。但我对高等教育的热度不会稍减，对高等教育的研究工作也不会停止。"路漫漫其修远兮，吾将上下而求索"。

是为记。

张 超

2016 年 3 月 25 日，于海口